中国票据市场研究

（2020年第1辑，总第2辑）

中国票据研究中心　编

中国金融出版社

责任编辑：黄海清
责任校对：张志文
责任印制：裴　刚

图书在版编目（CIP）数据

中国票据市场研究．2020年．第1辑／中国票据研究中心编．—北京：中国金融出版社，2020.4

ISBN 978-7-5220-0533-1

Ⅰ．①中…　Ⅱ．①中…　Ⅲ．①票据市场—研究—中国　Ⅳ．①F832.5

中国版本图书馆CIP数据核字（2020）第035686号

中国票据市场研究．2020年．第1辑
Zhongguo Piaoju Shichang Yanjiu 2020 nian．Di 1 Ji

出版
发行　中国金融出版社

社址　北京市丰台区益泽路2号
市场开发部　（010）66024766，63805472，63439533（传真）
网上书店　http：//www.chinafph.com
　　　　　（010）66024766，63372837（传真）
读者服务部　（010）66070833，62568380
邮编　100071
经销　新华书店
印刷　保利达印务有限公司
尺寸　185毫米×260毫米
印张　9.25
字数　130千
版次　2020年4月第1版
印次　2020年4月第1次印刷
定价　49.00元
ISBN 978-7-5220-0533-1
如出现印装错误本社负责调换　联系电话（010）63263947

编委会

前　言

2019年底，中国票据研究中心举办了“新时代票据市场发展、创新与风险”主题征文活动。这是研究中心第二届征文，主要目的是发挥研究中心学术高地的作用，围绕票交所成立后票据市场发展面临的新形势，探讨通过产品和服务方式创新，风险防控机制建设、配套制度建设、基础设施建设、金融科技发展、人才培养等方面促进新时代票据市场高质量发展。

本次征文得到了票据业界和学界的广泛关注，来自监管机构、市场机构、行业协会、高校、研究机构的各方专家学者踊跃投稿。各方的热切关注体现了票据市场不断向好发展的态势，也为票据市场的改革发展提供了不竭动力。这些征文从不同角度出发，分析了票据市场发展的新趋势和新特点，总结了各市场参与主体在票据市场的成功经验和具体实践，提出了对票据市场长远健康发展的思考和建议。

本届征文整体质量较高、题材丰富。多数文章结构完整，语言规范，观点鲜明，立意新颖，内容原创，在市场既有研究基础上有所创新，对所选论题具有深刻认识，使用数据、事实等论据对结论进行充分论证，对票据市场规范发展具有理论和实践上的指导意义。本届征文共评选出25篇获奖文章，包括一等奖3名、二等奖8名、三等奖14名。

为更好地发挥研究中心的平台作用，共享优秀理论研究成果，根据获奖征文的主题类别，我们将分两辑出版获奖征文，本辑《中国票据市场研究》收录了第一部分，供大家参考。

中国票据研究中心

2020年2月7日

目 录

票据业务创新

应收账款票据化研究

曾一村　黄学伟　凌　典[1]

［摘　要］本文首先对企业应收账款及票据结算情况进行分析，发现票据发展势头强于应收账款。随后，本文对票据与应收账款的相对优势进行了比较分析，认为票据在支付能力、融资能力、法律基础、市场建设方面具有明显优势，而应收账款在抗辩权、账期灵活性及结算便利性上具有一定优势。因此，推行应收账款票据化具有提升经济活力、防范化解债务风险、改善民营小微企业经营环境、为国家宏观调控提供支持等方面的积极意义。最后，本文提出了应收账款票据化的四种创新模式，分别是基于供应链金融的应收账款票据化、可转换应收账款协议、应收账款质押开票、基于区块链的第三方平台票据见证支付。

［关键词］票据；应收账款；供应链金融；区块链

在企业间的贸易往来中，应收账款和票据都是常用的赊销结算工具，近年来随着我国票据市场的快速发展，票据支付和融资便利性大幅提升，企业使用

① 作者简介：曾一村，中国农业银行票据营业部研究发展部总经理；黄学伟，中国农业银行票据营业部研究发展部专员；凌典，中国农业银行票据营业部研究发展部专员。

票据替代应收账款进行贸易结算的意愿有所增强。2019年6月13日，人民银行行长易纲在第十一届陆家嘴论坛上的讲话中指出，支持上海票据交易所（以下简称票交所）在长三角地区推广应收账款票据化。本文认为，应收账款票据化是指票据市场各参与主体通过产品创新、流程创新等方式，进一步增强票据支付及融资能力，提高票据在企业间贸易结算中的占比，实现票据对应收账款的替代。

一、企业使用应收账款及票据结算情况

国家统计局数据显示，2001年底至2018年底，我国工业企业应收账款净额由1.48万亿元升至14.34万亿元，增长8.69倍。其中，国有及国有控股工业企业应收账款净额增长2.82倍，私营工业企业应收账款净额增长47.72倍，私营工业

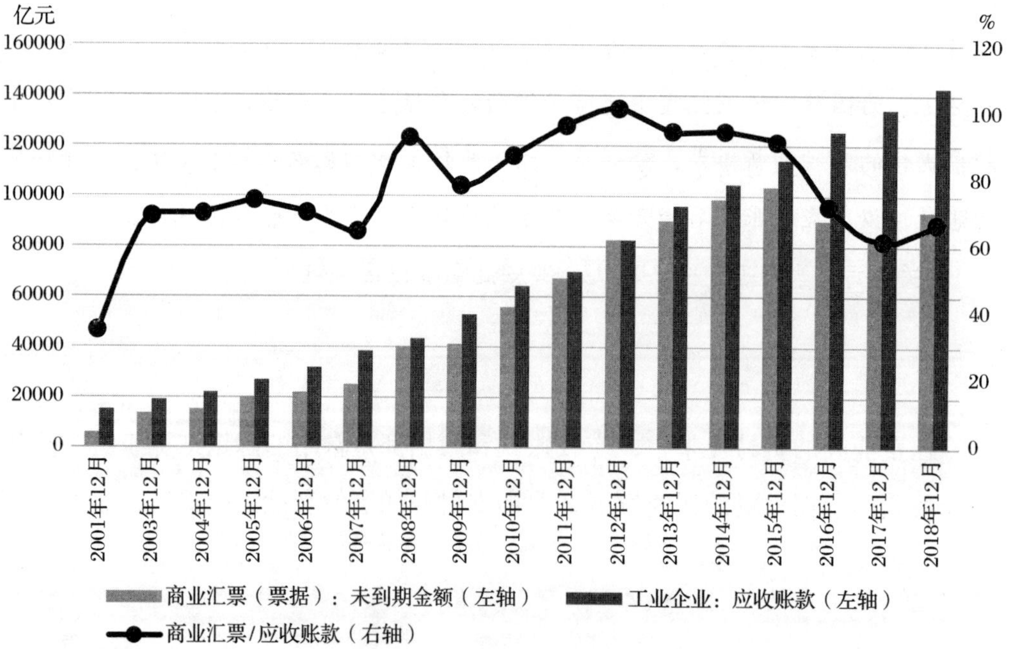

数据来源：Wind。

图1 商业汇票余额及应收账款净额走势

企业与国有及国有控股工业企业应收账款净额之比由10.13%上升至129.12%。私营企业相对更多地使用应收账款进行贸易结算，可能的主要原因一方面是私营企业经营风险偏好较高，比较容易接受赊销方式拓展经营，另一方面也是多数情况下私营企业市场话语权相对偏低，在与国有大型企业的贸易结算中常常只能被动接受赊销。

票交所数据显示，2001年底至2018年底，全市场票据未到期金额由5111亿元跃升至9.40万亿元，大幅增长17.39倍，增幅明显高于同期工业企业应收账款净额。同期，票据未到期金额与工业企业应收账款净额之比由34.58%升至71.03%，其间甚至达到100.99%。以上数据显示，票据同为贸易结算工具，其发展势头强于应收账款，企业对票据认可度不断提升，推广应收账款票据化已具有较好的基础。

二、应收账款与票据的相对优势比较

（一）应收账款的相对优势

1. 保留了买方对基础合同的抗辩权。《中华人民共和国合同法》规范了三种合同关系抗辩权：同时履行抗辩权、顺序履行抗辩权和不安抗辩权。对于以赊销方式达成的合同，主要涉及合同的顺序履行抗辩权。

顺序履行抗辩权，是指当事人双方互负债务且有先后履行顺序的，先履行一方未履行之前，后履行一方有权拒绝其履行请求，先履行一方履行债务不符合约定的，后履行一方有权拒绝其相应的履行请求。以赊销方式达成的合同属于有先后履行顺序的双务合同，卖方首先须提供符合合同要求的货物或劳务，买方随后给付货款。若卖方存在未履行、迟延履行、瑕疵履行的情况，买方可行使顺序履行抗辩权，中止或部分终止履行给付货款的义务。顺序履行抗辩权在赊销合同中能够对买方起到一定的保护作用，当卖方提供的货物或劳务数量或质量上存在瑕疵（某些瑕疵往往需要时间去发现）时，买方能够中止给付货款，追究违约责任，甚至解除合同。若合同解除，则买方给付货款的义务也随之消灭。

合同若使用票据进行结算，则属于同时履行的双务合同（钱款两清），买方不能享有顺序履行抗辩权。由于票据的无因性，基础合同关系的抗辩事由不得对抗票据债权的行使。若卖方违约，买方无权要求卖方返还票据，在后续可能的票据付款及追索中，买方也不能因基础合同不成立对善意第三人的提示付款或追索提出抗辩。

2. 账期较为灵活。赊销合同通常会确定一个最晚付款日，买方不晚于该日给付货款即可。若买方暂时资金紧张，双方也可在协商一致的情况下通过补充合同适当延展付款期限，故应收账款的账期较为灵活，可协商余地较大。一些具有良好合作关系的企业往往偏向于使用应收账款进行结算，销售货款定期结算（一个月或一个季度结算一次），结算当日卖方即可收到现金。

票据期限作为票面绝对必要记载事项，在出票时即已确定，后续流转过程中不可更改，票据若需提前变现，则会损失一部分资金（贴现利息）。若使用票据结算，卖方一般无法在没有损失（贴现利息）的情况下，在票据到期日前获得现金。当前，票据市场中存在一种买方付息/协议付息的票据贴现业务，卖方可将买方用于支付的票据贴现，贴现利息由买方/协议方承担，这在一定程度上弥补了票据期限不灵活的缺陷。

3. 贸易结算便捷成本低。对于买方来说，使用应收账款进行贸易结算仅需内部直接挂账，操作简单，无任何财务成本。若签发银行承兑汇票进行贸易结算则一般要向开户银行支付承兑手续费，承兑手续费目前各行执行不同收费标准，一般为票面金额的0.05%~0.2%。同时，开户银行会要求企业在签发银行承兑汇票的同时冻结一部分保证金，对于非全额保证金的银行承兑汇票，可能还会就敞口部分收取额度管理费。上述手续费、保证金及额度管理费都会给企业带来一定财务成本。另外，签发票据涉及企业网银操作、银行贸易背景审查、银行内部审查审批等流程，流程较为烦琐。

随着票据市场的发展，许多商业银行探索将票据业务纳入综合营销体系，对票据业务执行优惠费率，以深化与企业在其他领域的合作。同时，许多商业银行致力于对行内票据业务流程进行优化，不断提升票据业务办理效率。另外，票交所也推出了诸如“票付通”等创新业务。上述措施均对降低票据业务成本、便利票据业务操作具有一定积极作用。

（二）票据的相对优势

1.票据融资能力较强。企业持有票据的主要融资手段为票据贴现。票据贴现是商业银行的一项传统业务，业务办理流程相对成熟。票据贴现有相关法律法规及商业银行内部制度规范，业务办理有制度可依，操作风险较低。目前大多数银行类金融机构均支持办理票据贴现，且贴现机构覆盖面广，办理流程相对便捷，更有部分商业银行推出了“在线贴现”、秒贴等创新业务，贴现效率进一步提高。票据贴现办理流程的成熟、规范、便捷为票据带来较强的融资能力。2018年，全市场票据贴现业务量约为9.95万亿元，票据贴现平均利率约为4.69%，票据贴现办理周期约为1天。同期全市场应收账款保理业务量仅约为3.20万亿元，银行保理利率达到6.05%，商业保理利率高达8%~15%，保理办理周期长达1~3个月[①]。以上数据显示，票据贴现在业务量、融资利率、业务办理效率方面均有较大优势。

票据较强的融资能力使持票企业能够方便地利用贴现将票据变现，票据的易变现特性使票据具有了一定的货币属性，提高了票据的接受程度。当企业现金较为紧张时，持有票据的企业可以使用票据进行融资，融资成本相对较低，而应收账款融资则较为困难，融资成本也相对较高。

2.票据支付能力较强。票据具有一定的货币属性，可直接用于支付。一是票据作为支付结算工具具有法律法规基础。《中华人民共和国票据法》（以

① 以上数据来源于人民银行、票交所、中国银行业协会、中国服务贸易协会、Wind。

下简称《票据法》）规定持票人可以通过背书的形式将汇票权利转让给他人，《支付结算办法》中也明确规定了票据是一种支付结算工具。二是票据的易变现性为票据支付提供了保障。票据的易变现性使企业对票据的认可度较高，企业有意愿接受并持有票据，保障了票据的支付能力。2018年，票据承兑约2076万张，金额约18.27万亿元；票据背书转让约6932万次，金额约39.77万亿元[①]。

由于票据具有较强的支付能力，故使用票据替代应收账款能够较为有效地解决少数企业信用危机通过应收账款沿债务网传导的问题。例如，企业A、B、C、D、E依次为下游至上游企业，且都采用赊销结算，若企业C失去偿债能力，则将影响企业D、E的资金链，或将导致D、E同样失去偿债能力。若采用票据进行结算，企业A出票后票据流经B、C、D、E，就算企业C失去偿债能力，只要企业A作为出票人能够付款，则对企业D、E不会有任何影响。

3. 票据法律基础较强。票据有《票据法》《最高人民法院关于审理票据纠纷案件若干问题的规定》《票据交易管理办法》等一系列相关的法律法规作为法律支撑。从宏观的法律受理管辖、法律适用，到中观的票据权利、抗辩、效力，再到微观的出票、承兑、背书、贴现、交易等环节，都有较为具体明确的法律法规适用条款作出规范。票据较强的法律支撑与保障使票据能够较为有效地规范企业商业信用行为。

4. 票据市场建设较强。票据市场形成30余年来，不断发展壮大，特别是2016年票交所成立后，票据市场实现跨越式发展。在人民银行和票交所顶层设计下，纸质票据电子化、纸电票据交易融合、市场参与者扩大到非银机构和非法人产品、“主协议+成交单”全面取代线下合同、首次推出国股转贴现收益率曲线、买断式回购和“票付通”等创新产品全面开花、再贴现业务系统成功运行，票据市场透明度、便捷性和安全性不断增强，为票据承兑贴现业务繁荣发展奠定了坚实基础，企业使用票据支付和融资的前景向好。

① 数据来源于票交所。

三、应收账款票据化的积极意义

通过对应收账款与票据的全面比较，可以看出，推行应收账款票据化主要有以下四个方面的积极意义。

一是能将企业沉淀的应收账款盘活，通过提高企业资金周转效率增强实体经济活力。应收账款流动性不足，容易造成企业资金黏滞，企业活跃资金投入生产仅换来应收账款挂账，可能影响企业再生产能力，最终影响实体经济活力。而票据具有较强的支付能力及融资能力，使用票据替代应收账款能有效盘活企业资金，提高企业资金周转效率，增强实体经济活力。

二是能抑制少数企业信用危机通过应收账款沿债务网传导，防范化解债务风险。当各企业通过应收账款进行贸易结算从而织成债务网时，企业间资金流关联性较强，单个企业与其他企业之间会形成一定程度的“信用绑定”。当网中少数企业丧失偿债能力时，信用危机或将通过应收账款影响到网中其他企业。票据的兑付取决于承兑人的信用水平（承兑人信用水平往往较高），且向任意前手追偿的机制起到了分散风险的作用，故企业间使用票据进行结算并不会形成“信用绑定”。使用票据替代应收账款够较为有效地抑制少数企业信用危机通过应收账款向其他企业蔓延，防范化解债务风险。

三是能通过具有明确法律基础的票据来规范企业商业信用行为，改善民营小微企业经营环境。应收账款协商余地大，法律约束小，市场话语权较强的企业容易“以大欺小”，造成应收账款长期挂账。应收账款长期属于会计概念，我国在2007年出台的《物权法》中首次提及“应收账款”可质押，但并未明确其定义，目前应收账款含义散见于人民银行、原银监会等部门规章中，但也并不统一，这就导致应收账款融资业务在根基上缺乏法律法规层面有力保障。票据法律基础较强，当前市场已形成以《票据法》为核心，以人民银行《电子商业汇票业务管理办法》《票据交易管理办法》等部门规章为配套，票交所《票据交易规则》、行业自律规则等为补充的法律法规体系，覆盖票据生命全周期和各项票据业务，能够支持票据业务规范健康发展。使用票据替代应收账款能够进一步规范企业商业信用行为，帮助企业建立更加优良的商业秩序，改善民营小微企业经营环境。

四是能通过票据市场数据直观反映经济情况，为国家宏观调控提供支持。应收账款由企业间合同约定，分散在各个企业的财务报表中，汇总统计难度大，且时有出现企业通过虚增应收账款粉饰业绩的情况，数据或存水分。票据的签发、背书、贴现、转贴现等一系列票据业务均通过票交所系统办理或登记，票据市场数据获取较为便捷，可信度更高。票据支付结算贴近企业经营，完成应收账款票据化，票据市场数据能够直观反映当前经济情况，为国家宏观调控提供支持。

四、应收账款票据化创新模式

推行应收账款票据化的核心，在于既要充分突出票据的优势，又要保留应收账款的合理之处，从而更好地为企业提供支付和融资手段。以下为本文对应收账款票据化若干创新模式的设想。

（一）基于供应链金融的应收账款票据化

供应链金融是核心企业与商业银行之间达成的、面向供应链所有成员企业的系统性融资安排，是基于交易双方真实贸易背景开展的金融服务，形成了核心企业、商业银行、链上其他企业的利益共享机制。将票据引入供应链体系，将核心企业的优质信用通过真实贸易关系向上下游拓展，或能实现链上企业之间应收账款的票据化。

基于供应链金融的应收账款票据化主要包括以下环节。核心企业向合作商业银行推荐其下游客户，商业银行对推荐的下游客户展开独立授信调查，核定其授信额度，完善担保措施，并约定该授信额度仅用于下游客户向核心企业开具的商业承兑汇票的保贴。核心企业与下游客户订立货物或劳务合同后，下游客户向核心企业开具商业承兑汇票，商业银行对开具的商业承兑汇票在授信额度内进行保贴。保贴后的商票具有了银行信用，核心企业可用此商票与上游企业进行支付结算，也可将该商票进行贴现获取资金。商票到期后，商业银行负责办理托收。若商票到期下游企业无法付款，未贴现的，持票人可向核心企业进行追索；已贴现的，商业银行首先针对下游企业执行担保清偿措施，若仍未获得全部清偿，则再向核心企业进行追索。

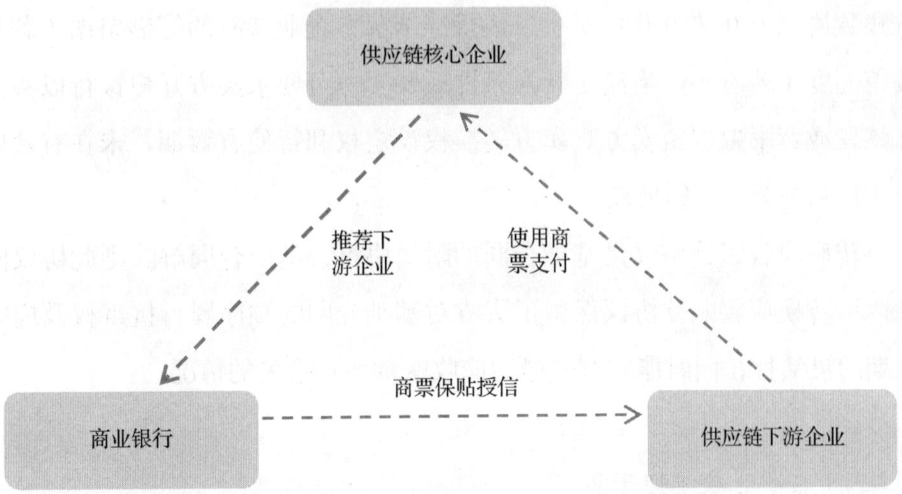

图2　基于供应链金融的应收账款票据化模式

对于下游企业来说，此模式可缓解资金链压力。电子商票最长期限为一年，意味着货款最长可延后一年支付，为灵活摆布现金头寸提供了空间。对于核心企业来说，此模式可增强货款回收刚性，提高资金使用效率。应收账款会导致企业资金的占用，降低资金使用效率，而银行保贴的商票具有较强的支付能力及融资能力，能够有效提高资金使用效率，优化企业短期财务指标。对于商业银行来说，此模式可拓展客户，增加收入。核心企业推荐的下游企业可能并不是商业银行的原有客户，通过此模式可拓展其成为银行客户，为后续营销提供便利。另外，此模式为商业银行带来了开票、保贴、结算、贴现、票据池管理等需求，能够有效增加商业银行收入。

（二）可转换应收账款协议

可转换应收账款协议是指交易双方单独签订的或在基础合同中另行载明的协议或条款，支持卖方在满足特定条件后将挂账的应收账款转换为票据。

交易双方签订可转换应收账款协议，约定应收账款的转换条件（转换条件可以是应收账款确权、超过最长还款期等），并将经过交易双方认可的可转换应收账款协议通知买方开户银行，银行冻结买方企业持有的等额票据（若有）或授信额度（若有）。当满足转换条件后，卖方可要求买方开户银行以买方的名义签发或背书票据给卖方。卖方转换权设定权利行使有效期，未在有效期前行使该权利视为放弃转换权。

可转换应收账款协议是基础合同的附属协议，基础合同解除则此协议同时解除。可转换应收账款协议保留了买方对基础合同的顺序履行抗辩权及应收账款账期的灵活性，同时能够有效遏制应收账款恶意拖欠的情况。

（三）应收账款质押开票

应收账款质押开票是指企业以经过确权的应收账款向商业银行进行质押，以换取商业银行为其签发的票据进行承兑或保贴。

应收账款质押开票主要包括以下环节：

1. 商业银行对企业应收账款真实性及权利完整性进行调查确认，评估应收账款质押开票额度。

2. 企业、商业银行两方签订应收账款质押开票协议，企业、商业银行、应收账款债务人三方签订应收账款封闭回款协议。

3. 商业银行在额度内对企业签发的票据进行承兑或保贴。

4. 票据到期时，企业已使用的承兑或保贴额度优先通过应收账款回款偿还，若回款不足以偿还的，由企业予以偿还，若企业不予偿还的，则商业银行通过变卖、折价的方式实现对应收账款的质权。

对于企业来讲，应收账款质押开票能够盘活企业沉淀的应收账款，改善企业资金流情况，降低企业持续经营风险。对于商业银行来讲，承兑及保贴属于表外业务，不占用银行资金，成本相对较低，且商业银行向企业收取的应收账款质押开票手续费能够有效提升银行中间业务收入水平。

（四）基于区块链的第三方平台票据见证支付

票据见证支付是指为使用票据支付的企业提供一个第三方交易见证平台，通过平台实现商流、物流、票据流的“三流”合一，简化票据支付流程，提升票据支付便利度与信任度，通过便利票据支付实现票据对应收账款的替代。

票据见证支付主要包括以下环节：

1. 商业银行及票交所与第三方平台进行对接。

2. 企业在第三方平台上注册用户，并在平台上绑定其在商业银行的对公账户。第三方平台通过工商登记资料及商业银行开户信息对注册企业进行筛查，排除注销吊销企业、皮包企业、僵尸企业等。

3. 买卖双方中的一方在第三方平台上登记合同信息及确认收货最长期限，发送另一方进行确认。合同信息一经确认，即使用区块链技术加密，确保合同权威性。

4. 买方在第三方支付平台在线提交票据，由票交所予以锁定。

5. 卖方发货后在第三方平台登记发货，买方须在确认收货最长期限内在第三方平台确认收货或提交抗辩，超过确认收货最长期限则平台自动确认收货。若买方提交抗辩，则票据解锁并撤回，买卖双方线下进行协商及后续操作。

6. 买方确认收货后票交所将票据解锁，卖方在第三方平台签收票据完成交易。

票据见证支付能够为企业提供交易见证及安全支付服务，同时保留了买方对基础合同的顺序履行抗辩权。基于区块链技术的交易合同及凭证加密认证技术可形成一个分布式的票据流转链条账本，有效控制票据流转风险，同时也可为商业银行票据贸易背景审查提供便利。

参考文献

[1] 崔学刚，王静 . 应收账款票据化的财务价值探讨——基于青岛海尔银行承兑汇票使用策略的分析 [J]. 财务与会计，2008(3):12−14.

[2] 刘丽 . 应收账款票据化探析 [J]. 泰山乡镇企业职工大学学报，2010, 17(4):9−10.

[3] 秦丽娜，卢茂 . 浅析应收账款票据化的动机及其影响 [J]. 技术与市场，2010, 17(10):124,126.

[4] 赵慈拉 . 应用电票信用工具，创新应收账款票据化 [J]. 金融电子化，2016(3):39−41.

[5] 赵翠颖 . 对应收账款票据化的思考 [J]. 技术与市场，2009, 16(11):33−34.

票据市场量化交易模型初探

侯 林 李 论[①]

[摘要] 上海票据交易所建立之后，交易系统、协议制度、数据统计和信息披露都逐渐得到完善，票据交易呈现高效便捷的发展态势，信息传递进一步便利了经营策略的制定。因此，随着票据市场各方面体系制度的完善，基于票据的量化交易模型将越来越有研究价值。

本文基于票据市场的情绪变化建立量化交易模型，以研究择时策略在交易当中的应用和效果。本文选取了贴现量、交易量、票据利率波动率、票据利率相比同期存单收益率的波动和票据利率相比十年期国债收益率的波动五个指标，通过主成分分析构建票据市场情绪指数，并结合了量化模型中经典的移动平均线策略来研究该情绪指数的应用价值。结果显示，当市场情绪高涨时，票据利率高于移动平均线时买入资产，票据利率低于移动平均线时卖出，当市场情绪低迷时观望，这种基于市场情绪的择时策略相比于仅根据利率变化的择时策略表现效果更好。因此，票据市场情绪可以作为交易策略制定的参考。

随着票据市场的发展，量化交易在票据市场将有更大发展潜力，基于量化交易的研究也会更有价值。

[关键词] 情绪指数；主成分分析；移动平均线；择时策略

① 作者简介：侯林，上海浦东发展银行票据中心总经理；李论，上海浦东发展银行产品经理。

一、引言

随着上海票据交易所（以下简称票交所）的成立，票据市场逐渐摆脱往日乱象丛生之态，迎来越来越规范化、系统化的发展。而2018年十一期间票交所组织开展的纸电票据交易融合投产上线工作，更是票据发展史上里程碑式的重大事件，自此，全国统一、安全、高效的电子化票据集中交易平台基本建成，真正实现了纸质票据和电子票据的同场交易，进一步提升了票据市场交易的效率和便捷性。

场上交易的铺开也进一步推动了数据的统计和公开，目前票据市场的承兑量、贴现量和交易量等数据均已按日进行统计并向全市场公布，而票交所于2018年12月6日正式宣布票据市场首条收益率曲线的发布，也为市场参与者提供了公平透明的交易价格参考。

随着票交所在交易系统和利率体系建设方面的持续推进，票据资产交易越来越趋向市场化，各机构的交易策略也随之更新。目前，除了不满足可等分的条件之外，票据已满足标准化资产的其他认定标准，票据市场信息透明化等条件也使量化交易蕴含了更大的发展潜力，因此，量化交易在票据市场的研究和应用将越来越有价值。

本文试图根据票据市场的交易量及票据相对于其他产品的波动情况，构建能够反映票据市场活跃程度的情绪指标，同时结合量化交易模型中最经典的移动平均线策略，制定基于情绪指数的移动平均线择时策略，以研究量化交易模型在票据市场的应用。

二、理论基础

在金融学的研究中存在一个基本假设，即理性人假设，该假设认为经济活动中的主体都是基于收益最大化进行决策。但现实中并非所有业务都是基于自身的收益最大化进行决策，监管指导、市场变化、业务统筹等各种原因都会使经营决策偏离收益最大化的目标，本文将这类因素产生的市场影响类比于资本市场中投资者情绪对投资偏离最大化收益的影响，从而将资本市场中投资者情绪指数的构建和研究应用于票据市场，并探究其对票据交易的参考意义。

另外，量化交易在资本市场、债券市场和衍生品市场中都有较为先进的发展经验，量化交易模型的探究和应用也已经取得了一定成果，本文试图参考这些发展时间更长、更成熟的金融市场中的量化交易模型，探究其在票据市场中的应用。

三、实证分析

票交所公布的首条国股收益率曲线始自2018年12月5日，因此本文选取来自该收益率曲线的2018年12月5日至2019年10月31日共225个交易日的足年国股票据利率，作为本文中票据量化交易模型建立的基础。

贴现量和交易量是能很好反映市场情绪的指标，一般来说，当市场情绪较高时，往往交易更活跃，贴现量和交易量也更大；反之，当市场参与者谨慎观望时票据市场较为清淡，贴现量和交易量也随之下降。因此，选取票交所公布的贴现量和交易量作为情绪指数的构建指标之一。

除此之外，金融市场作为一个多产品共振发展的市场，其他产品的波动也会对票据市场参与者的交易情绪产生影响，如市场上资金的松紧程度就是票据市场的影响因素之一，当资金的供需双方不平衡程度较大时，票据交易作为资金融入和融出的方式之一，市场情绪也会被推高；而当资金较平稳时，基于资金因素的票据交易需求减少，市场情绪随之下降。因此，构建情绪指数时加入取自Wind数据库的一年期AAA同业存单收益率代表资金因素的影响。

另外，当票据资产相比于其他资产配置价值较高时，配置需求增加会推动市场情绪上涨，当票据资产相比于其他资产配置价值较低时，卖出票据获取收益转而配置其他种类资产的策略也会使卖出票据的市场情绪上涨。当票据相比于其他资产的收益率波动较稳定时，资产配置需求的弱化会使票据市场的情绪降温。故而本文选取来源于Wind数据库的活跃券十年期国债作为其他种类资产的代表，加入情绪指数的构建之中。

（一）数据处理与描述性统计

各数据的描述性统计结果如下：

表1　情绪指数构建指标来源的描述性统计

变量	样本量	均值	标准差	最小值	最大值
票据利率（%）	226	3.08	0.29	2.24	3.58
贴现量（亿元）	226	496.72	153.65	95.01	1108.15
交易量（亿元）	226	2062.19	525.79	611.73	4102.26
一年期AAA同业存单收益率（%）	226	3.14	0.13	2.99	3.53
十年期国债收益率（%）	226	3.19	0.10	3.00	3.43

为避免数量级不一致导致模型偏差较大，将贴现量和交易量数据取对数处理。同时为观察票据市场价格的波动情况反映出的情绪指数，分别取5个交易日的票据利率、票据利率与存单的利差、票据利率与国债的利差这三者的标准差用于构建情绪指数，构建过程中将上述数据作标准化处理。

（二）情绪指数的构建

通过主成分分析将上述指标降维，构建票据市场的情绪指数。本文延续易志高等（2008）的构建方法，即严格遵守累计方差贡献率达到85%的统计标准，以此来选择主成分以保留更多的信息。

主成分分析结果显示，采用第一和第二主成分值即可使累计贡献率达到0.8597，且KMO检验结果为0.7159，即数据间相关性较强，适合进行主成分分析。结果显示，样本期内情绪指数构建的各指标系数如表2所示。

表2　情绪指数构建系数

指标	系数
常数项	-0.02
贴现量指标	0.97
交易量指标	1.15
票据利率波动率指标	1.60
票据相对存单波动指标	1.62
票据相对国债波动指标	1.62

结果显示，贴现量和交易量都是情绪的正反馈，即贴现量和交易量越大，票据市场情绪越高。票据利率的波动及其相对于资金和其他资产的波动情况也都是票据市场情绪的正反馈，即收益率波动越大，市场的交易热情越高。这与前期预判和实际市场规律是一致的。

票据市场利率和情绪指数的走势如图1所示。

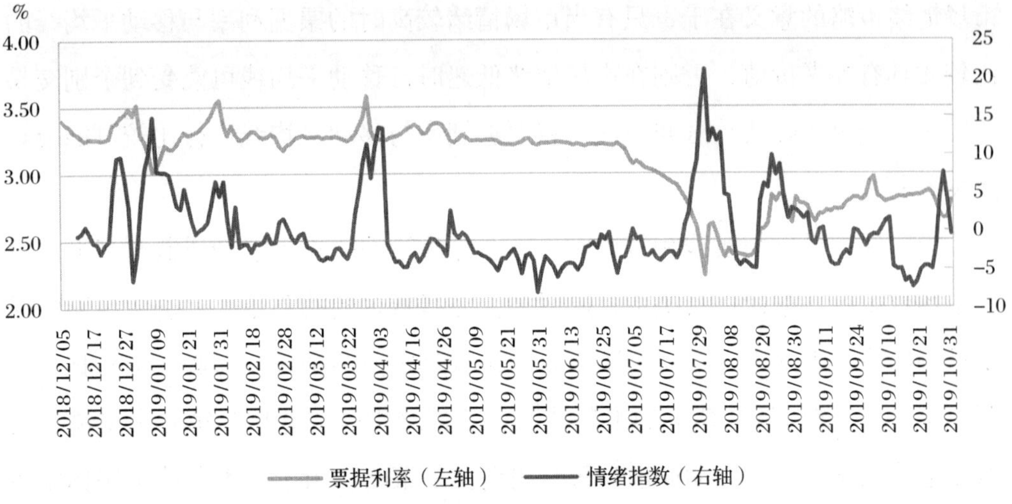

图1　票据利率与情绪指数走势

由图1可看出，票据利率波动较大时往往也是情绪指数处于高位的时候，而当票据利率波动较小时，情绪指数也较低，故该指数可以作为票据市场情绪的量化指标。为进一步研究情绪指数在实际交易中的应用，本文建立量化交易模型研究其对于策略制定的参考意义。

（三）建立量化交易模型

由票据利率与情绪指数走势图可看出，市场情绪高涨只能反映活跃度，却无法判断活跃度的来源是票据的供给方还是需求方，因此本文引入经典的移动平均线策略，并将条件放宽到票据利率与移动平均线时点比较的高低来便于观察，而不限于上穿或下穿，即当票据利率高于前5日平均利率时，认为是买入票据资产信号，当票据利率低于前5日平均利率时，认为是卖出票据资产信号。并比较不参考情绪指数的移动平均线策略和当情绪指数为正时的移动平均线策略，其中不参考情绪指数的移动平均线策略指仅根据票据利率高于或低于移动平均线的情况进行决策，本文简称为“简单策略”；而当情绪指数为正时的移动平均线策略指的是情绪指数为正值和票据利率大于或小于移动平均线两个条件同时成立时才进行买票或卖票的决策，本文简称为“市场情绪策略”。市场情绪策略的意义在于，只有当市场情绪较高时的票据利率与移动平均线的比较才具有参考价值，否则在市场情绪低迷时，移动平均线可能受到个别交易的影响而偏离实际波动区间，此时将票据利率与移动平均线进行比较可能会导致决策失误。

为确保该模型与实践相符，在每一个作决策的时点仅能知道截至当下最新的市场数据，并据此进行决策，同时为保证指数构建的质量，需选取足够的样本进行构建，因此本文在每个决策日，选取其之前两个月，即42个交易日（按照一年252个交易日推算）的市场情况构建情绪指数，并作为第43个交易日策略制定的依据；不断滚动向前，每日更新交易策略。由于样本期始于2018年12月，且构建情绪指数时需两个月市场数据进行主成分分析，因此首次决策时点定位为2019年2月1日，并且每日滚动直至2019年10月31日，策略执行期共9个月。

另外，商业银行不能无规模限制地买入票据资产，因此需要为该策略的执行确定限额，假设该策略执行的范围称为交易账户，该交易账户的规模限制为10亿元，即基于择时策略买入票据资产总量不可超过10亿元。同时，为确保商业银行月末票据融资规模可控，假设该交易账户月末余额为0，即无论当月买入多少，月末最后一个交易日清仓，卖出所有票据。由于票据不可卖空，当空头信号持续出现导致票据清仓后，不可再进行卖空。假设单次买入或卖出票据资产均为1亿元，交易成本按现行票交所规则中票面金额的百万分之二点五计算，忽略其他交易成本不计。模型结果如表3所示，两种策略的月收益走势如图2所示。

表3 简单策略执行结果

	单边交易量（亿元）	买入平均利率（%）	卖出平均利率（%）	平均价差（基点）	收益（万元）	日均规模（亿元）
2019.02	3	3.2913	3.2506	4.07	12.21	0.1786
2019.03	11	3.2935	3.3830	−8.95	−98.45	3.2581
2019.04	13	3.3323	3.2510	8.13	105.69	4.1333
2019.05	9	3.2482	3.2217	2.65	23.85	0.9355
2019.06	9	3.2234	3.2137	0.97	8.73	1.3667
2019.07	1	3.2064	3.1807	2.57	2.57	0.0323
2019.08	11	2.6728	2.5664	10.64	117.04	1.7742
2019.09	14	2.7709	2.8983	−12.74	−178.36	4.5333
2019.10	10	2.8406	2.6987	14.19	141.90	3.0000
总计	81	3.0552	3.0385	1.67	135.27	1.7674

表4 市场情绪策略执行结果

	单边交易量（亿元）	买入平均利率（%）	卖出平均利率（%）	平均价差（基点）	收益（万元）	日均规模（亿元）
2019.02	0	—	—	0	0	0

续表

	单边交易量（亿元）	买入平均利率（%）	卖出平均利率（%）	平均价差（基点）	收益（万元）	日均规模（亿元）
2019.03	1	3.4215	3.5813	-15.98	-15.98	0.0323
2019.04	1	3.3235	3.2554	6.81	6.81	0.0333
2019.05	2	3.2576	3.2107	4.69	9.38	1.5161
2019.06	4	3.2181	3.2081	1.00	4.00	0.5333
2019.07	1	3.2064	3.1807	2.57	2.57	0.0323
2019.08	10	2.6826	2.5602	12.24	122.40	1.4516
2019.09	0	—	—	0	0	0
2019.10	0	—	—	0	0	0
总计	19	2.9561	2.8881	6.80	129.20	0.3353

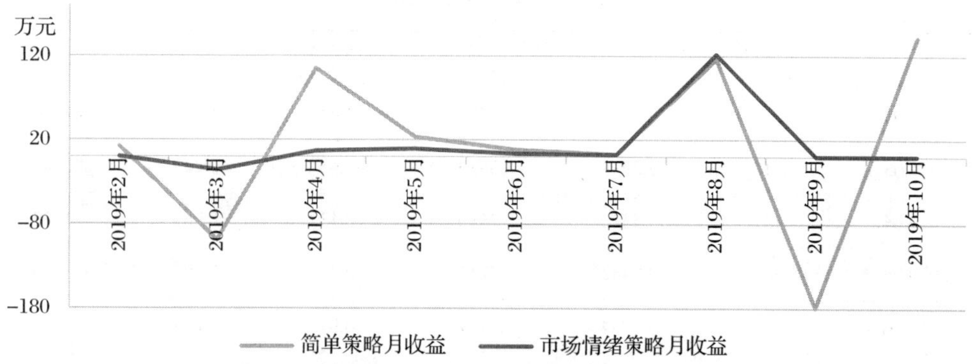

图2 简单策略与市场情绪策略月收益走势

从模型结果可以看出，简单策略在9个月的交易中共产生了135.27万元的收益，市场情绪策略的收益为129.20万元，二者均为正值，即都能产生正收益，所以票据市场中基于量化模型的策略有可行性。

两个策略相比，市场情绪策略的收益虽然略低于简单策略，但不能因此认为简单策略表现更好，还需要关注不同策略产生收益的波动性和最大亏损。经计算，简单策略中单月收益的标准差为97.34，市场情绪策略的收益标准差仅为38.79，即在前者收益仅略高于后者约4.49%的情况下，前者的波动率约为后者的2.5倍，因此可以看出市场情绪策略在获取一定收益的同时风险更小。从最大亏损来看，出于损失厌恶的心理，同等金额的盈利和损失往往损失带来的冲击更大，从表3与表4可看出简单策略在样本期内共产生2次亏损，最大亏损出现在2019年9月，约为178.36万元，同期市场情绪策略的收益为0。而市场情绪策略在样本期内只产生1次亏损，最大亏损出现在2019年3月，亏损金额约为15.98万元，同期简单策略亏损约98.45万元。也就是说，市场情绪策略更好地回避了出现较大损失的可能，并且在产生损失时损失金额也更小。由图2也可以直观地看出，简单策略比市场情绪策略的收益波动更加剧烈，虽然在部分月份能获取更高的收益，但在出现亏损的时候损失也更大。

综上所述，虽然样本期内简单策略的总收益略高，但是其收益的波动性更大，在执行期内的最大亏损金额也更高。而市场情绪策略虽然放弃了部分盈利的市场机会，但其样本期内的总收益仍然与简单策略几近一致，原因是该策略更好地避免了产生损失的情况，使收益更稳定。

另外，该模型是基于资金成本为0而建立并比较两种策略的执行结果，在两个策略日均规模相差约1.43亿元而收益仅相差6.07万元的情况下，计算可得若年化资金成本高于万分之五点六，则市场情绪策略的净收益将高于简单策略。就实际来看，目前商业银行的资金成本远高于该数值，因此在实际应用中市场情绪策略扣除资金成本后的净收益将比简单策略的净收益更高。

因此，根据收益波动并结合实际情况来看，市场情绪策略模型的表现更好。

（四）模型完善与展望

本文采用的最重要的数据来源于票交所公布的国股收益率曲线，该量化模型的建立仅以足年国股的月内买卖产生的价差作为收益来源，所以该策略更适用于交易账户中票据资产买卖的参考。在后续量化模型的研究中，还可以加入配置价值和骑乘效应进行综合分析，从而统筹为商业银行的配置账户和交易账户的综合交易策略制定提供参考。

四、结论

从情绪指数的构建来看，票据市场的情绪已经能够通过挖掘交易数据蕴含的信息获得，本文根据全市场贴现量和交易量，以及票据利率本身的波动和票据利率相比于同业存单和国债收益率的波动，挖掘构建出票据市场的情绪指数。

从本文简单策略和市场情绪策略两个择时策略执行的效果来看，该市场情绪指数对于交易策略的制定也有一定参考价值。市场情绪策略指的是在市场情绪高涨的情况下，票据利率高于移动平均线时买入，票据利率低于移动平均线时卖出，而在市场情绪低迷的情况下进行观望。该策略与仅根据利率高于或低于移动平均线而决策交易的简单策略相比，在收益相差很小的情况下承担的风险下降明显。因此，市场情绪是一个值得关注的指标，参考该指标进行交易决策可以在有效避免损失的情况下获取收益，故该指标应成为实际交易策略制定时的参考因素。

随着制度和系统的完善，票据交易越来越高效规范，而全市场交易数据的统计和收益率曲线的制定，也为票据交易策略的制定提供了越来越有价值的信息。随着票据市场的发展，未来票据相关新产品的推出和交易模式的更新将进一步拓宽票据交易空间，收益率曲线等数据的完善和信息披露也将为票据市场的量化交易提供更大的支持。未来，量化交易在票据市场定将有更大的发展潜力。

参考文献

[1] 陈强 . 高级计量经济学及 stata 应用 [M]. 北京：高等教育出版社，2010.

[2] 金业 . 金融市场量化交易策略与风险研究 [J]. 金融经济，2019(16):124-125.

[3] 李春雷，秦新锋 . 债券量化投资分析方法简介 [J]. 债券，2016(9):76-80.

[4] 刘莉亚，丁剑平，陈振瑜等．投资者情绪对资本市场稳定性的实证研究——来自界面效应的分析 [J]. 财经研究，2010(36):133–143.

[5] 罗丹阳，王亮，刘鹏．如何构建票据收益率曲线 [J]. 金融市场研究，2018(6):51–61.

[6] 饶育蕾，张轮．行为金融学（第二版）[M]. 上海：复旦大学出版社，2005.

[7] 汤益成．基于主成分分析的投资者情绪构造 [J]. 现代经济信息，2015(5):125–126.

[8] 王美今，孙建军．中国股市收益、收益波动与投资者情绪 [J]. 经济研究，2004(10):75–83.

[9] 易志高，茅宁，耿修林．中国股票市场投资者情绪指数构建及应用研究 [D]. 中国管理学年会——技术与创新管理分会场论文集，2018:413–423.

[10] Baker M., Wurgler J. A catering theory of dividends[J]. *Journal of Finance*, 2004(59), 1125–1165.

[11] Baker M., Wurgler J. Investor Sentiment and the Cross–section of Stock Returns[J]. *Journal of Finance*, 2006(61):1645–1680.

[12] Brown W. B. Volatility, Sentiment and Noise Traders[J]. *Financial Analysts Journal*, 1999, 55(2):82–90.

关于标准化票据的发展概览与思考

刘　峰　陈萃琳[1]

[摘　要] 近年来，票交所积极探索业务创新，标准化票据应运而生。标准化票据是由存托机构归集承兑人等核心信用要素相似、期限相近的票据，组建基础资产池，进行现金流重组后，以入池票据的兑付现金流为偿付支持而创设的面向银行间市场的等分化、可交易的受益凭证。本文重点就标准化票据诞生背景、产品属性、市场影响进行概述分析，并对标准化票据未来发展进行展望。标准化票据的创设意义重大，既能有效连接票据市场与债券市场，又能支持中小金融机构流动性、支持中小企业融资，有望成为金融市场服务实体的重要助推器。

[关键词] 票交所；标准化票据；等分化

一、票交所背景下的业务创新

中国票据市场经历四十年探索与实践，已逐步发展成为金融市场体系的

① 作者简介：刘峰，现任中国工商银行上海市分行资产负债管理部总经理；陈萃琳，现供职于中国工商银行上海市分行资产负债管理部。

重要组成部分，市场规模和市场参与主体不断扩大，各项创新工作不断推进，有力支持了实体经济特别是中小企业持续健康发展。但票据市场在快速发展过程中也存在市场透明度低、交易效率不高、基础设施发展滞后、部分金融机构内控薄弱、票据中介风险累积等问题。加强票据市场基础设施建设、提高票据业务电子化水平、增强市场透明度、完善票据市场制度建设、规范票据中介行为、强化金融机构内控管理，成为中国票据市场改革与发展的重点内容。

随着票据市场功能的丰富以及风险的不断累积，根据票据市场改革发展的需要，2016年12月8日，上海票据交易所（以下简称票交所）应运而生。这是我国深化金融改革发展的又一重要举措，有利于增强票据市场透明度、提高市场效率、防范市场风险。

成立三年来，票交所积极探索产品和业务创新的新路径，先后研究设计“票付通”、投产上线“贴现通”业务，并发布国有及股份制银行转贴现收益率曲线。2019年8月15日，为加大对中小金融机构流动性支持，票交所发布了《关于申报创设2019年第1期标准化票据的公告》，标准化票据横空出世，引起市场高度关注和热烈反响。

二、“资管新规”下的标准化票据

作为价格透明度较高、利率市场化较完善、流动性较好、交易较便捷的金融资产，票据是否具备标准化属性一直备受市场争议。标准化票据成功创设四期后，人民银行发布《标准化债权类资产认定规则（征求意见稿）》（以下简称《认定规则》），就“标”与“非标”问题进行专题探讨，相关条款虽未直接提及票据，但关于票据资产属性问题又一次引发热议。

（一）关于标准化票据的定义

根据票交所发布的《关于申报创设2019年第1期标准化票据的公告》，标准化票据是指由存托机构归集承兑人等核心信用要素相似、期限相近的票据，组建基础资产池，进行现金流重组后，以入池票据的兑付现金流为偿付支持而创设的面向银行间市场的等分化、可交易的受益凭证。标准化票据的存托机构为票交所，在银行间市场清算所登记托管，在票据市场或银行间债券市场交易流通。可以说，标准化票据既借鉴了资产证券化的结构化思路，也采纳了票据资管的票据打包模式，更运用了存托凭证的业务智慧。

（二）关于标准化债权类资产的定义

2013年3月，针对一些银行在业务开展中存在规避贷款管理、未及时隔离投资风险等问题，为有效防范和控制风险，促进理财业务规范健康发展，银监会发布《中国银监会关于规范商业银行理财业务投资运作有关问题的通知》（银监发〔2013〕8号）。文中对"非标准化债权资产"作了明确认定：非标准化债权资产是指未在银行间市场及证券交易所市场交易的债权性资产，包括但不仅限于信贷资产、信托贷款、委托债券、承兑汇票、信用证、应收账款、各类受（收）益权、带回购条款的股权型融资等。由此可见，承兑汇票被罗列为非标准化债权资产。

2018年4月，四部委联合发布《关于规范金融机构资产管理业务的指导意见》（以下简称"资管新规"），为资产业务重新定下基调。"资管新规"改变了银监会8号文对资产类型的认定方式，首次正面阐释了标准化债权资产的构成要件。根据"资管新规"第十一条规定，标准化债权类资产必须同时满足以下五个条件：（1）等分化、可交易；（2）信息充分披露；（3）集中登记、独立托管；（4）公允定价、流动性机制完善；（5）在银行间市场、证券交易所市场等经国务院同意设立的交易市场交易。

2019年10月，人民银行发布《认定规则》，对主要的标类资产和非标类资产进行了列举，并对"资管新规"中标类资产应具备的五大条件进行了详细阐释，进一步细化了划分标准。《认定规则》不仅充分考虑市场需要，为各类债权类资产提供了明确的认定路径，还充分考虑认定的可操作性，明确可由为债权类资产提供登记托管、清算结算等基础设施服务的机构作为申请主体，向人民银行提出标准化债权类资产认定申请。

（三）标准化票据作为标类资产的适当性

根据“资管新规”及其配套文件《认定规则》相关内容，笔者将标准化票据与标类资产所需满足的五个条件进行逐项对照：

第一，关于“等分化，可交易”。《认定规则》要求：“以簿记建档或招标方式非公开发行，发行与存续期间有2个（含）以上合格投资者，以票面金额或其整数倍作为最小交易单位，具有标准化的交易合同文本。”《中华人民共和国票据法》第三十三条第二款规定“将汇票金额的一部分转让的背书或者将汇票金额分别转让给二人以上的背书无效”，单张票据不能拆分，无法有2个（含）以上合格投资者。但标准化票据与普通票据资产不同，其以招标方式募集发行，通过将多笔核心信用要素相似、期限相近的票据组成票据池，以资金流重构的方式，解决了传统票据“不可分性”问题，使其成为等分化、可交易的受益凭证。前四期标准化票据均以人民币100元为面值作为最小交易单位，并且具有标准化的交易合同文本。因此，标准化票据满足“等分化，可交易”条件。

第二，关于“信息披露充分”。《认定规则》对“资产新规”中的信息披露作了严格细化，要求“投资者和发行人在发行文件中约定信息披露方式、内容、频率等具体安排，信息披露责任主体确保信息披露真实、准确、完整、及时”。目前，从已发行的标准化票据来看，票交所尚未对信息披露作出相应要求。

第三，关于“集中登记、独立托管”。《认定规则》要求：“在人民银行和金融监督管理部门认可的债券市场登记托管机构集中登记、独立托管。”标准化票据的存托机构为票交所，在银行间市场清算所登记托管，实现了资产端的登记托管。因此，标准化票据满足条件。

第四，关于“公允定价、流动性机制完善”。《认定规则》要求：“采用询价、双边报价、竞价撮合等交易方式，有做市机构、承销商等积极提供做市、估值等服务。”标准化票据交易采用询价方式，但由于产品目前仅发行了四期，市场体量不足20亿元，尚无做市机构、无活跃的二级市场，估值方面也未成体系。

第五，关于“在银行间市场、证券交易所市场等经国务院同意设立的交易市场交易”。票交所是按照国务院决策部署，由人民银行批准设立的全国统一的票据交易平台，票交所的建立实现了票据报价交易、登记托管、清算结算、数据信息的集中统一。因此，标准化票据符合标准化资产交易场地的要求。

综上所述，标准化票据至少已符合《认定规则》中（1）、（3）、（5）条要求，目前虽未完全达到第（2）、（4）条要求，但随着信息披露完善及产品发行规模增长，有望经人民银行认定后，正式纳入标准化资产范畴。

三、标准化票据的创设意义与产品特征

（一）标准化票据创设情况

截至2019年9月，票交所累计发布了四期关于申报创设标准化票据的公告。每期标准化票据的基础资产都不尽相同、各有特色，且每期标准化票据的申报创设公告、申报结果公告、申购公告及创设结果公告均在票交所官方网站有迹可循。

第一期标准化票据的基础资产为锦州银行承兑的已贴现商业汇票，融资利率参考同期锦州银行同业存单利率水平。参与主体包括委托机构、存托机构、财务顾问、法律顾问和投资者。在申报资产的筛选中规定三个优先原则，即中小金融机构持票人优先、总量大者优先和申报材料先达者优先。此外，公告声明：票交所作为存托机构，不承担任何与产品有关的兑付责任、担保责任。但票交所作为牵头设立标准化票据的机构，为产品提供了基础资产管理、产品创

设、标准化票据交易、清算结算、信息等服务，这极大地提升了标准化票据的市场认可度与接受度。

第二期与第三期标准化票据的基础资产仍然为锦州银行承兑的已贴现商业汇票，但对贴现机构却有着明确指向性，第二期的贴现机构为中小金融机构，第三期的贴现机构为国有商业银行或全国性股份制商业银行。其中，第二期为首单在银行间市场交易流通的标准化票据，并首次引入主承销商以及经纪商等重要角色，创设发行过程更加成熟透明。

值得注意的是，前三期发行利率分别为4.90%、4.60%和3.60%，而锦州银行同期银行存单发行利率水平为4.70%~4.90%，这表明标准化票据的定价由“承兑行+贴现行”共同信用资质所决定，能够较为公允地反映信用风险溢价与流动性溢价。此外，前三期的发行场所和投资者范围不同，第一期在票据市场交易流通，第二期和第三期在银行间债券市场交易流通，这可能对市场定价也形成一定影响。

第四期标准化票据的基础资产是江苏银行承兑的未贴现票据，这与前三期标准化票据具有本质区别，前三期的基础资产都是已贴现的银票，而本次是企业持有的未贴现银票。

表1　标准化票据创设要素

要素	第一期	第二期	第三期	第四期
承兑人	锦州银行	锦州银行	锦州银行	江苏银行
贴现人	金融机构	中小金融机构	国有商业银行 全国性股份制商业银行	—
期限	92天	57天	82天	349天
创设总额	5亿元	4.7亿元	3.1亿元	1亿元
流通场所	票据市场	银行间债券市场	银行间债券市场	银行间债券市场
认购利率	4.9%	4.6%	3.6%	3.02%

资料来源：上海票据交易所官方网站。

（二）标准化票据的创设意义

标准化票据的创设可谓恰逢其时。2019年以来，市场信用风险频发，特别是“包商银行事件”爆发后，中小金融机构负债能力大幅下降，其债券、票据、贷款等资产也出现收缩。具体到票据市场，受银行业风险性事件影响，部分主体信用资质较弱的银行承兑汇票市场流通性急速下降，一些商业银行承兑的票据价格严重偏离了市场主流价格。基于此，首期标准化票据诞生于市场信用分层之时，为金融机构及企业提供了新的变现方式，有助于提升票据承兑量与贴现量，进而提高对中小企业的融资支持。

标准化票据发展具有强劲内生动力，笔者认为标准化票据的意义至少有以下三点：

第一，向前推进票据资产标准化。正如上文所述，在标准化票据中被标准化的实质是新创设的“受益凭证”，票据作为底层资产的属性并没有发生改变，其通过资金流重构，变相实现了票据等分化，从根本上解决了票据不可等分的固有“缺陷”，间接实现了票据标准化。同时，在当前“资产荒”的背景下，标准化票据的设立打通了票据市场与银行间债券市场连接通道，使银行间市场各类投资者，可通过投资标准化票据的方式间接参与票据市场中，为其资产配置提供了新的选择。在前四期标准化票据创设中，部分非银机构已经参与了标准化票据的投资。

第二，有助于支持中小金融机构流动性。在前三期标准化票据中，票交所特意选择了由锦州银行承兑的已贴现票据作为基础资产，将其进行标准化打包，并在申报优先原则中明确“中小金融机构持票人优先”，可谓一举多得，既“定向输血”，盘活锦州银行资金，增强变现能力，缓解锦州银行资金流动性压力，还通过类似资产证券化的方式，增强票据的变现能力，对中小金融机构的融资压力和降低流动性风险起到积极作用。

第三，促进票据市场蓬勃发展。当前，票据二级市场更青睐大份额的票据，使小份额票据流通困难。标准化票据的发行，实现了票据资产整合，拓宽了“三小一短”（小企业持有、小银行承兑、小金额、短余期）未贴现银票的融资渠道，让较小的票据可进入票据二级市场，从而正向刺激票据一级市场。此外，标准化票据在票据市场和银行间债券市场的双市场流通，有助于盘活票据资产，提高产品流动性。

（三）标准化票据的业务优势

传统上，银行是票据市场的绝对参与主体，从开票到贴现都离不开银行的参与，但标准化票据的落地开创了新局面。以第四期产品为例，标准化票据的底层资产为未贴现票据，委托人为持票企业，主承销商为证券公司，银行在其中仅发挥承兑作用，未参与产品创设过程。在此，笔者将标准化票据与传统票据贴现作对比，发现标准化票据具有一定优势。

第一，省却了贴现环节的贸易背景审查。票据业务的贸易背景真实性一直以来都是银行合规问题的高发区。尽管根据《中国人民银行关于规范和促进电子商业汇票业务发展的通知》（银发〔2016〕224号）的要求，直贴环节可以不用审查合同发票，但在执行过程中，各地监管机构的要求不一，很多银行仍然要求审查直贴环节的贸易背景，例如，严格执行纸质发票、单据等原件签注政策等，这加大了企业与贴现行的业务操作难度。而标准化票据的申报条件则相对简单，仅需满足票面相符及票据权利完整合法，无须提交贸易背景材料。

第二，省却了异地企业票据业务监管。在当前严监管的政策背景下，银行需审慎办理非辖内注册企业的票据承兑和直贴业务，一般只能为与当地企业存在债权债务关系的异地企业办理票据业务，且需对异地企业建立严格的准入标准，实行名单制管理，并根据业务风险状况及时动态调整客户名单，有些银行还明确要求异地企业需在当地开展生产经营或销售活动满一年。相比之下，标准化票据则没有地域限制，持票企业可以直接将票据申报入池，降低了企业票据融资成本。

第三，节约了贴现银行的风险资产占用。根据《上海票据交易所票据交易规则》，银票的无条件付款责任主体包括承兑行（确认）、贴现人、保证增信行、承兑保证人和贴现保证人；付款顺序为承兑行（确认）、承兑保证人、保证增信行、贴现人、贴现保证人。商票的无条件付款责任主体包括贴现人、保证增信行和贴现保证人；付款顺序为保证增信行、贴现人、贴现保证人。因此，票据直贴行承担了被持票人追索的风险，需计提相应的风险资产，消耗核心资本。而未贴现标准化票据并没有经过直贴环节，可以为银行节约风险资产的占用。

（四）当前标准化票据存在的问题

第一，尚未完全符合标准化债权类资产条件。对照最新出台的《认定规则》要求，标准化票据在“信息披露充分”“公允定价，流动性机制完善”方面存在瑕疵。其中，票据风险主要集中于承兑人与贴现人，需促使承兑人与贴现人进行信息披露，还需明确标准化票据发行人如何有效偿付投资者；在促进公允定价、完善流动性机制方面，引入做市商制度既符合市场发展规律，又可以通过专业化的运作协助货币政策调控，活跃市场交易，提高交易效率。

第二，标准化票据评级制度尚不明确。前四期标准化票据的基础资产信用主体单一，发行过程未引入评级机构，投资者主要通过承兑人、贴现人（若有）的信用资质来判断产品优劣情况。未来若将不同类型票据重组，势必涉及折算权重等问题，而折算权重受制于风险判断，进而依赖市场评级机构。未来，为便于标准化票据在银行间债券市场交易流转，特别是非银机构投资，评级机构将不可或缺。该需求也与票交所发布的2017—2020年发展规划纲要高度契合，即票交所将推动完善票据市场制度体系与法律法规制度，探索研究适合票据市场特点的做市商制度、评级制度、合格投资者制度。

第三，高资质票据难成标准化票据主力。高资质票据本身已具有极强的流动性，市场价格也极为透明，贴现价格较低。标准化票据因现金流重组，存在一定中间费用，如果成本过高则产品吸引力不足，将对高资质票据向标准化票据转变形成阻碍。但国有银行和股份制银行作为票据市场承兑主力，高资质票据的缺失将极大削弱标准化票据的票源，同时导致承兑行和贴现行均较弱的票据，特别是“网红”城商票成为标准化票据的主要资产来源。

四、标准化票据的前景展望

当前，标准化票据尚在起步阶段，属于初创产品。随着票据市场发展的深度、广度和效率不断提升，标准化票据发展潜力巨大。

第一，商票或将成为标准化票据的资产“主力军”。前四期标准化票据的底层资产均为银票，由于市场上大部分银票信用资质较好、流动性较强，创设标准化票据反而会降低原有票据资产的流动性，且发行成本可能会侵蚀部分收益。因此，银票可能为商票铺路，随着标准化票据逐渐被市场接受，商票后续也有望被纳入成为底层资产。若“标准化商票”大规模铺开，企业可以通过创设标准化票据来代替银行贴现，商票的变现能力有望提高，企业与投资方之间的资金链条也将更为通畅。

第二，票据有望纳入货币市场基金投资范围。伴随标准化票据的发展，票据的评级与估值也将更为成熟。票据评级制度的建立，使票据具备纳入货币市场基金投资范围。2018年以来，市场利率持续下行，同业存单、短期限债券等收益率不断降低，当前货币基金收益率已全面低于3%。在债市核心资产荒的背景下，货币基金面临较大配置压力。标准化票据期限较短，符合货币基金的配置要求，同时风险相对可控，前四期标准化票据的收益率均高于3%，为货币基金提供了可配资产，有望成为新的利润承接点。

第三，票交所有望开发自动标准化票据申报及发行匹配模型。前四期标准化票据落地速度较快，从发布公告到创设成功仅需三个工作日，发行效率远高于企业债等标准化债券。后续，若要进一步提质增速，实现标准化票据“高频次、大额度、广机构”创设发行，则需逐步攻破技术性制约，开发出自动标准化票据申报及发行匹配模型，通过自动化、智能化的交易方式，为投资人自动匹配资产包，提升投融资效率，降低操作风险。

参考文献

[1] 宋汉光. 票据市场发展步入新时代 [J]. 金融电子化，2017(12):31–32.

[2] 肖小和. 中国票据市场四十周年回顾与展望 [J]. 金融与经济，2018(11):73–79.

[3] 黄鹜. 资管新规下票据标准化资产适当性法律研究 [J]. 上海金融，2018(9):37–41.

创设"承直"剥离票据
——基于金融风险考量

李 泽[①]

［摘 要］ 2016年12月8日上海票据交易所股份有限公司正式开业运营，标志着中国票据市场基础设施建设取得突破性进展，票据市场发展迎来新的篇章。随着票交所配套制度的确立，实现了票据市场的制度统一、规则统一、标准统一和平台统一，提升了票据偿付效率、降低了票据二级市场各环节的操作风险和道德风险。然而受到此前票据大案频发的影响，在制度设计中着重加强了对票据持有人的保护，但也忽略了其内在机制可能存在的潜在金融风险，这一金融风险在"包商银行事件"中已然有所体现。

本文主要针对银行承兑汇票展开讨论，首先，回顾了票交所时代票据兑付机制及其优势；其次，分析了新的兑付机制存在的问题和忽略的风险。在此背景下，提出追索权重塑与"承直"剥离票据，并对其概念、基础制度建设、创设原则以及优势进行了详细论述。

［关键词］ 银行承兑汇票；金融风险；追索权重塑；承直剥离票据

① 作者简介：李泽，供职于上海浦东发展银行天津分行。

2016年12月8日上海票据交易所股份有限公司（以下简称票交所）成立以来，市场参与机构数量快速增长，标准化程度日益提高。票交所的成立提升了票据市场的透明度，防范了纸票业务风险，改善了票据业务生态。

与此同时，金融同业信用风险开始累积并相继爆发，先是宝塔石化财务的百亿债务危机，而后又是包商银行严重信用风险的紧急接管并随之引发打破同业“刚兑”的市场“恐慌”。一桩桩事件的发生无不在提醒市场，同业信仰和银行“刚兑”时代行将结束。

在此背景下，现有票据市场制度在金融系统风险防范与管理上面临新的挑战。

一、票交所时代票据市场兑付原则及其优势

2016年12月5日，人民银行制定并公布了《票据交易管理办法》（中国人民银行公告〔2016〕第29号）。该管理办法的公布和以《票据交易主协议（2016年版）》（票交所公告〔2016〕1号）为代表的后续票交所相关配套制度安排，使票交所时代的票据与原有票据产生本质区别，除了结算模式，纸票电子化等外，最主要的突破在于对票据追索和兑付的制度性安排。

（一）票交所时代票据市场追索与偿付规则

《票据交易管理办法》和后续票交所相关制度性安排主要为票据市场的追索和偿付确立了三点原则。

首先，市场参与者主动放弃了二级市场交易之间的相互追索权利，但保留了持票人对票据出票人、承兑人、承兑人的保证人（如有）、贴现人、贴现人的保证人（如有）及贴现人前手背书人的追索权。

其次，明确了一系列情况下票据的偿付顺序。归纳而言，承兑行需承担第一还款责任，随后是保证增信行等（如有）履行偿付责任，最后由直贴行“兜

底”，且无论承兑行未作承兑确认，还是承兑行和保证增信行等（如有）违约，直贴行均需履行“兜底”责任。即明确了直贴行在票据市场同业链条上的“兜底人”责任。

最后，明确除发生公示催告等合法抗辩情形外，市场参与者（系统直连）需无条件委托票交所于票据到期日直接扣划资金至持票人资金账户，若余额不足则逐日扣款，即明确了资金扣划的强制性①。

（二）票交所票据市场追索与偿付规则的优势

1. 提高市场兑付效率，强化二级市场票据持有人权益。追索权和偿付顺序的明确以及资金扣划的强制性，提高了票据兑付效率，加强了对票据持有人的保护。首先，票据兑付一旦出现违约，可以按照偿付顺序逐一进行强制资金扣划，最大限度地保护二级市场持有人权益，避免其陷入旷日持久的追索诉讼之中，极大地节约了时间并降低了追索成本。其次，持票机构不会再遭遇前票交所时代承兑行因开票企业未能及时还款而以此为“由”拖延兑付或者因承兑行关键时点“留存款”需求而人为拖延等情况。

2. 有助于商票一级市场融资和二级市场流通。对于商票而言，直贴行的刚性“兜底”，使已贴现商票近乎等同于银行承兑票据，在票据二级市场环节实现了企业信用的隔离，最大化地促进商票的转让流通。二级市场的流通便利将有助于金融机构对商票直贴的接受度，有利于商票的一级市场融资。

① 贴现行兜底与资金强制扣划在包商银行事件中虽属于“特例性”打破，但严重打击了市场对交易所规则的信心。

二、现有追索与偿付规则存在的问题

（一）承兑行违约将引发连锁反应、加剧金融风险的外溢

按照现行偿付规则，一旦承兑行违约，持票行或贴现行（“兜底”后）都可以对贴现人及其前手各背书人进行追索。这一规则在银行“刚兑”时代，并不会暴露实质风险，而在银行破刚时代，隐藏的风险将显性化。

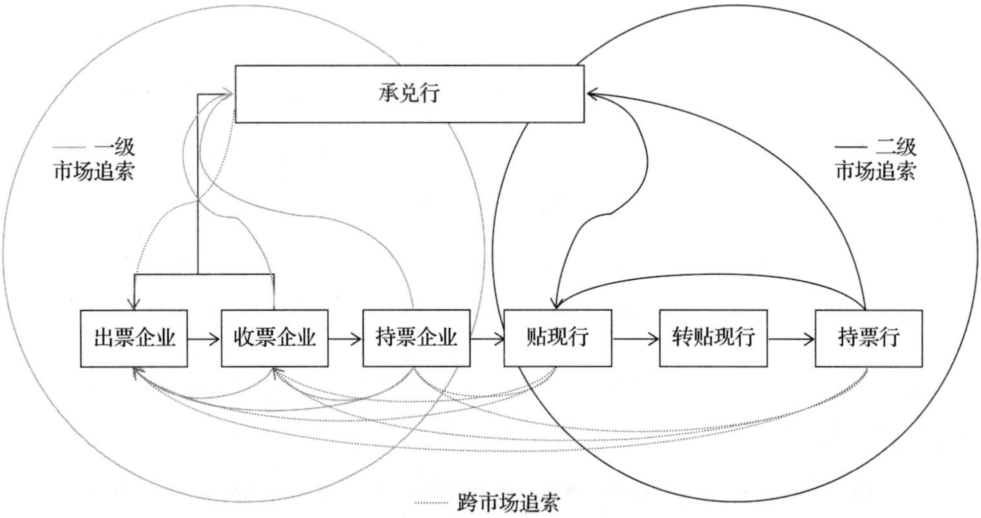

图1 票据业务追索关系

如图1所示，虽然《票据交易管理办法》及票交所配套制度下潜在的追索关系复杂、牵连甚广①，但由于银行“刚兑”的存在，实际兑付链条其实十分清晰简短——信用风险全部集中于承兑行上，承兑行再追索出票企业，承兑行成为票据支付链条的枢纽。但以“包商银行事件”为代表的银行“刚兑”破灭之后，实体企业之间、实体企业与金融机构之间风险扩散的“阻断器”被拆除了，现行追索制度将使银行系统风险进一步外溢至实体，增加清偿的复杂度，

① 仅涉及信用风险引发的追索，并不考虑因商业纠纷、违法犯罪等引发的相关追索。

扩散恐慌，给本就因银行“破产”而备受煎熬的企业雪上加霜，而即使与“破产”行没有任何业务往来的企业也将因处于票据链条之中而难以幸免。

（二）金融系统风险进一步升维

“包商银行事件”爆发以来，持续扰动市场神经，一度对市场造成极大的流动性冲击。

表1　同业存单发行情况

	同业存单主体评级	AAA	AA+	AA	AA−	A+	A	A−	合计
5月20–24日合计	实际发行（亿元）	4005.4	863.8	229.7	45.6	49.1	19.6	7.3	5220.5
	计划发行（亿元）	4322.7	1190.1	368.9	82.5	78.2	25.9	7.5	6075.8
	实际/计划（%）	92.66	72.58	62.27	55.27	62.79	75.68	97.33	85.92
5月27–31日合计	实际发行（亿元）	885.6	141.4	31.3	10.8	35.3	9.0	3.2	1116.6
	计划发行（亿元）	1132.3	372.6	214.3	67.6	79.5	25.3	3.2	1894.8
	实际/计划（%）	78.21	37.95	14.61	15.98	44.40	35.57	100.00	58.93

数据来源：Wind资讯。

如表1所示，以同业存单为例，在“包商银行事件”之后一周，银行间市场同业存单发行大幅受挫，不仅计划发行量萎缩了70%以上，实际发行占比也下滑严重，尤其是AA+级（含）以下同业存单受影响更大，同业存单市场流动性受到显著影响。事实上，不仅在同业存单市场上，“包商银行事件”在各个层面持续发酵，如市场流动性梗阻和信用分层等，均反映出“包商银行事件”之后风险的快速扩散。

而票据市场上附加的贴现行“刚兑”，将使情况变得更趋复杂。虽然在“包商银行事件”上，票交所适时暂停了贴现行线上追索扣款功能，使追索扣款非强制化，减缓了风险的扩散，但不可否认，如果没有暂停线上追索扣款功能，风险将借由错综复杂的贴现关系，更快、更直接地扩散到其他金融机构，加速风险的蔓延。

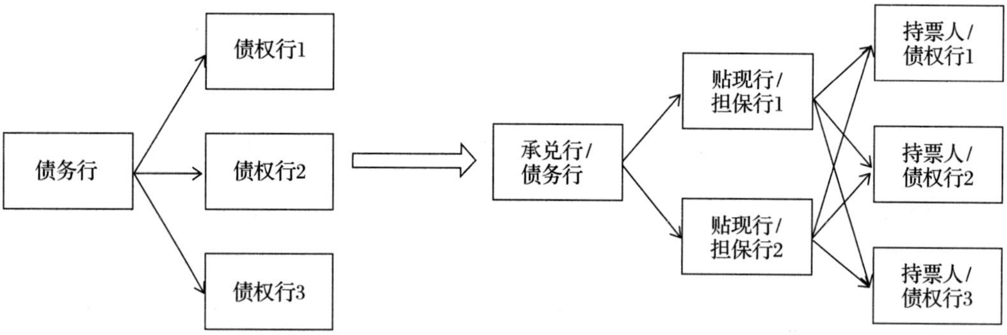

图2 风险扩散关系

（三）派生出体量巨大但缺乏有效风险控制措施的隐性衍生品市场

票交所时代直贴行对所贴现银行承兑汇票的“刚兑”，使直贴行事实上对承兑行的信用设置了担保。本质上来讲，就是贴现行的贴现行为产生了对承兑行所承兑的票据资产进行履约担保的特殊CDS合约，这一制度设置，使票据市场内嵌了一个体量庞大、但在参与主体内控与市场基础设施建设上均存在缺陷的信用衍生品市场，从而为潜在的系统性交叉风险埋下隐患。

1. 隐性信用衍生品市场的规模估计。根据票交所披露，截至2019年9月

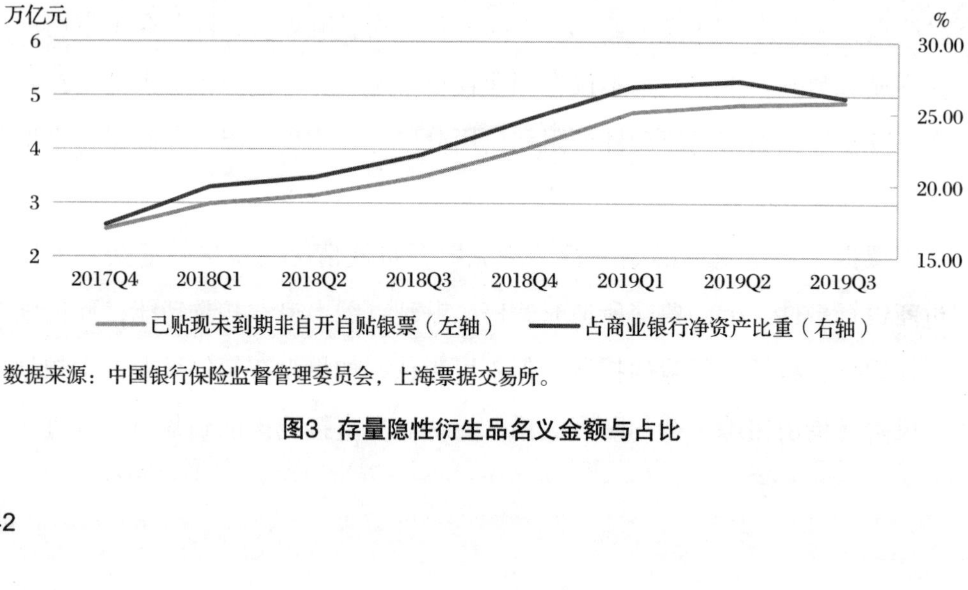

数据来源：中国银行保险监督管理委员会，上海票据交易所。

图3 存量隐性衍生品名义金额与占比

末，票据累计贴现发生额为 9.34万亿元，转贴现发生额则超过30万亿元。扣除商票、财票和自承自贴部分[①]，保守估计，上半年累计银票贴现额约5.6万亿元，银票转贴现发生额超过18万亿元。也就是说前三个季度，便内生出CDS合约名义本金约5.6万亿元，累计交易名义本金超过18万亿元，且从存量数据来看，无论是绝对规模抑或相对商业银行净资产的比重都在快速上升。

2. 市场参与主体与市场基础设施存在的问题

（1）CDS合约卖出方——贴现行缺乏相应的风险管理措施。票据直贴作为传统信贷融资业务，属于银行基础业务。长久以来，存在四点现象：①主要通过商业银行的分支机构进行直贴业务操作；②主要风险控制手段是基于授信的总量控制；③由于国情因素，银行同业通常被认为风险极低，风险管理常常流于形式，疏于管控[②]；④线下追索时代，即便承兑行违约，被追索行在认为必要的情况下，完全可以通过协商程序甚至法律诉讼等方式以时间换取空间，来缓和自身被追索时的兑付压力。因此，一直以来，银行业对于票据直贴环节同业信用风险的识别和管理意识较为淡薄。而票交所时代，对直贴行针对承兑行信用的风险识别和管理都提出了更高的要求，尤其是在宝塔石化财务兑付危机、包商银行重大信用风险被接管、锦州银行和恒丰银行的“火线”注资等“黑天鹅”事件频出的当下，面临着可能终将到来的银行破产和同业破刚，直贴行简单粗暴的风险管理模式亟须改变。

（2）CDS合约买入方——持票人面临的对手方信用风险缺乏有效清算制度支撑，容易引发系统性风险扩散。贴现行为派生出的CDS合约因依附于票据资产，所以其清算制度等同于现行票据清算制度，即双边清算制度。而美国次贷

① 全市场自承自贴比按照30%进行估计，而商票、财票占比参照票交所《票据市场运行情况》和《票据市场运行分析报告》中披露的贴现商票占比和财务公司占比进行估算约为15%。因而最终估计非自承自贴的银行承兑汇票占全部已贴现票据中的比例约为60%。

② 金融机构对银行风险的态度在“包商银行事件”之后彻底改变。

危机最终演变为国际金融危机，被认为负有不可推卸责任的即是处于金融市场风险传递链条枢纽位置、具有显著风险放大效应的场外交易信用违约互换所使用的双边清算制度[①]。

三、追索权重塑——简化追索关系，降低风险传染，阻断风险外溢

银行信仰的破灭，使整个票据链条失去了“锚”，链条中每一个可被追索的企业与银行都有可能成为“最优还款人”，随着企业背书链条的延长，追索路径将呈几何倍数放大，原本收敛的债务链条将变成一种无序的债务链，其风险扩散的范围和烈度将难以控制。在《中华人民共和国票据法》尚难修改前，应修改票交所相关主协议和制度，并尽快纳入企业客户，在一级市场，接入票交所或ECDS的企业需主动放弃对任意前手企业的追索，仅保留对承兑行/承兑人、承兑人的担保人（如有）和开票企业的权利。在二级市场，金融机构需主动放弃对任意前手企业的追索，仅保留对承兑行/承兑人、承兑人的担保人（如有），贴现行、贴现行的担保人（如有）以及开票企业的追索权。而承兑行保留对开票企业的追索权。

四、创设“承直”剥离票据及其意义

（一）“承直”剥离票据的概念

“承直”剥离票据是指贴现行向系统外转让票据资产时将票据资产存托至票交所或其指定机构，并由票交所或其指定机构对票据资产进行重组，剥

① 李轶鸣. 中央对手方清算机制作为宏观审慎政策工具的演进、机理以及监管[J]. 中国货币市场，2017, 4(185):70–75.

离出由承兑行承兑的票据部分（本文称为净票）和就约定的承兑行净票向持有人提供信用风险保护的金融合约[①]（本文称为票据信用风险缓释专用权证，即SCRMWOB，Special Credit Risk Mitigation Warrant Of Bill）。其中，净票具有标准化票据[②]所拥有的全部特性和优势。SCRMWOB合约则由贴现行作为合约卖方，认购方为合约买方，并由票交所指定清算所对交易进行合约替代。

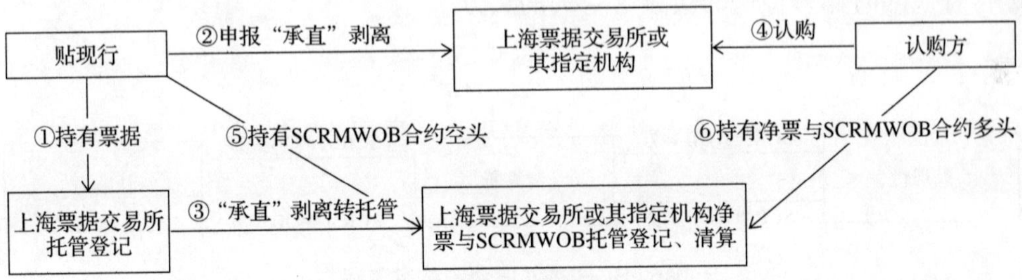

图4 “承直”剥离票据业务流程

（二）“承直”剥离票据的基本制度要求

1. 单向保证金制度。贴现行需在清算所开立保证金和担保金账户，以贴现规模为基准缴纳一定比例的担保金，待SCRMWOB合约市场交易活跃、形成二级市场价格或完善的估值体系后，缴纳保证金且逐日盯市、每日清算。

2. 中央对手方清算制度。贴现人申报“承直”剥离所剥离出的SCRMWOB合约通过票交所指定清算平台进行中央对手方集中清算。

① 当直贴行与承兑行为同一家机构时，票据拆分后仅有净票。因此，对应净票的SCRMWOB合约名义面值一定小于或等于该净票总额。

② 李泽. 创设票据“存托凭证”——基于交易效率、标准化等考量[J]. 金融市场研究，2019, 2(81):50-59.

3. 惩戒机制。对于贴现行担保金不足、卖出名义本金与贴现行规模占比过大等超过相关杠杆限制比例的情况，票交所及清算所可以采取提高担保金比例、保证金比例直至暂停贴现行贴现功能等措施。

（三）SCRMWOB创设的原则

1. 镜像创设。票据剥离后产生SCRMWOB合约的，由认购方持有SCRMWOB合约多头，由贴现人（申报方）持有SCRMWOB合约空头，指定清算所对合约进行替代同时作为多头的卖方与空头的买方。

图5　SCRMWOB合约持有流程

2. 以承兑行净票和到期日为SCRMWOB标识。票据剥离产生的SCRMWOB合约，以清算所作为对手方，以净票到期日为合约计费到期日，以同一承兑行同一到期日净票为信用保护标的。不同或同一多头及空头所持有的信用保护标的和到期日皆相同的合约对应唯一SCRMWOB编码。

3. 实物交割。净票发生违约时，对应SCRMWOB合约持有人需将该合约所保护标的的所有权转移给SCRMWOB合约卖方，并从卖方获得净票的面值。

4. 杠杆限制。将SCRMWOB合约名义面值纳入交易商协会发布的《银行间市场信用风险缓释工具试点业务规则》（中国银行间市场交易商协会公告〔2016〕第25号）中对信用风险卖方即直贴行的相关杠杆限制的计算，或参考相关规定制定专门的杠杆限制比例。

5. 欧式行权。因票据资产本身并不内置交叉违约条款，因此剥离出的SCRMWOB合约并不具有在承兑人其他债务违约或其他期限净票违约时触发违约的判定。故由票据剥离所产生的SCRMWOB合约当且仅当合约到期日方可行使权利。

6. 直贴行回购注销。直贴行可在二级市场回购由其作为信用保护卖方的同标的同到期日的SCRMWOB合约并进行注销。因SCRMWOB合约仅以承兑行净票和到期日为标识，实际回购注销的SCRMWOB合约并不必须是从回购行所贴现票据中剥离而来。

7. 份额拆分。票据剥离后所创设的SCRMWOB合约，其同一编码份额自动合并且可自由拆分转让。

8. X-SCRMWOB。SCRMWOB合约采取匿名点击成交等连续竞价交易方式。

9. 信息披露。票交所或清算所应向市场披露SCRMWOB合约交易统计数据等有关信息。

（四）“承直”剥离票据的意义①

1. 降低风险维度。票据市场上，承兑行的违约是单向传播的，而银行承兑汇票因为贴现行的第二道保护，使违约风险转为多边传播，情况变得更加复杂②。

而“承直”剥离后，将原本多边传播的扩散模式拆分为两个单向传播模式，有效降低风险在系统中的传染，使参与者违约风险的传导路径更加清晰和可控，最大限度地抵消银行承兑汇票被提高的风险维度。

① 净票具有标准化票据的全部特性与优势，因此关于净票的意义可以参考《创设票据“存托凭证”——基于交易效率、标准化等考量》中相关叙述，这里主要说明的是SCRMWOB合约的意义。

② 这里不考虑承兑行违约后产生的次生“灾害”，仅仅考虑直接影响。

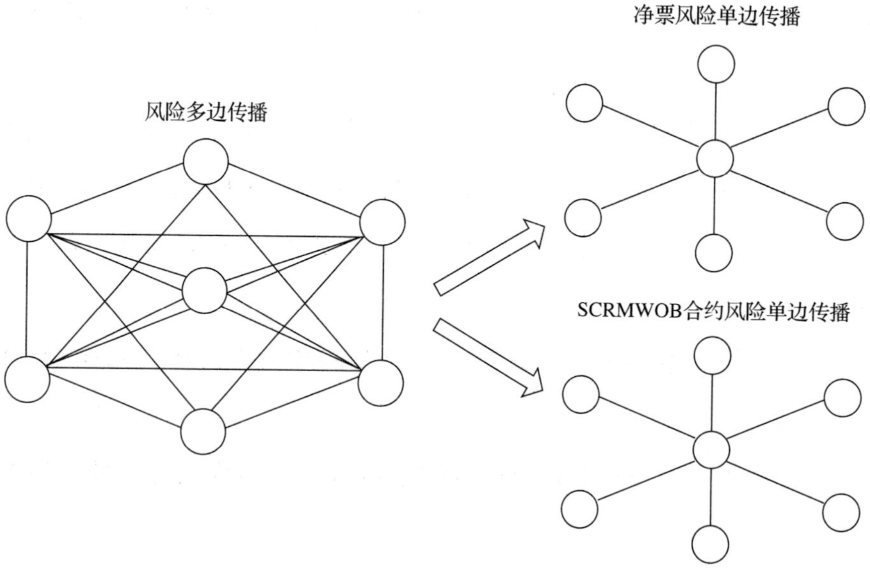

图6 风险传播扩散模式

根据中国银行保险监督管理委员会和票交所披露的数据，截至2018年底，覆盖九成贴现市场的1579家银行已贴现银行承兑汇票的最大传染链条个数超过120万个，而覆盖八成贴现市场的152家银行最大传染链条个数也超过1万个，而“承直”剥离后的最大传染链条分别为3156个和302个，风险维度明显降低。

表2 两种模式下的风险维度比较

	已贴现银行承兑汇票（最大传染链条个数）	“承直”剥离票据（最大传染链条个数）
六大行、股份制银行、城商行（152家）占贴现市场份额82.04%	11476	302
六大行、股份制银行、城商行、农商行（1579家）占贴现市场份额93.72%	1245831	3156

数据来源：中国银行保险监督管理委员会，上海票据交易所。

2. 有效控制贴现行单一信用主体风险敞口。目前票据贴现业务仍按照传统授信管理模式，贴现行贴现时需占用承兑行额度，转贴现卖出后则释放承兑行额度，使贴现行可以贴现数倍于授信限额的承兑行票据，在承兑行实际已成“网红”时，风险资产占用却保持不变，分支机构存在动力利用“漏洞”进行套利，而无形中放大了风险，导致贴现行承担了远高于授信上限的单一客户风险敞口，甚至个别金融机构利用规则漏洞、无视风险，充当贴现“通道行”。事实上“包商银行事件”中已暴露出部分贴现金融机构对其风险敞口远超过自身偿付能力的风险管理失控情况。在可剥离票据背景下，信用风险上升导致的市值变动对利润的侵蚀以及保证金追加在现金流上对贴现行造成的压力，可以起到对单一主体敞口失控的抑制。

3. 提高中小金融机构票据流动性

“包商银行事件”之后，中小银行贴现尤其是中小银行贴现的“网红”票据流动性快速枯竭，原因有二：一是对承兑行主体的信用担忧，二是对贴现行信用和包商银行之后快速关闭线上追索通道的制度担忧。“承直”剥离票据的产生及其中央对手方制度，将有效解决市场对贴现行“兜底”意愿、“兜底”能力以及制度保证的焦虑，使中小银行贴现的中小银行票据得以恢复流通能力。

4. 银行间信用违约互换市场的形成，便于对个体风险和系统性风险的识别和预警。SCRMWOB合约从票据剥离后，将立即形成一个几乎覆盖整个银行系统的信用违约互换市场。由于包商银行严重信用风险事件的影响，对于同业风险的认知必将发生深刻变化，规避同业风险的需求将逐渐产生，SCRMWOB市场交投也将逐渐旺盛。一个交投旺盛的SCRMWOB市场将有利于价格发现，逐步反映市场对各家金融机构的违约预期，而建立于此之上的违约指数对于宏观监管将具有深远意义。

五、结语

现行票交所制度在银行“刚兑”情况下，大幅提高了清算效率，降低了道德风险和操作风险，有力维护了持票人权益。但银行“刚兑”成了整个环节的阿喀琉斯之踵，同业破刚，将不可避免地加快信用风险在银行体系的扩散，加剧系统性风险，还将通过追索票据链条上的诸多企业造成风险外溢，加剧实体经济恐慌与波动。可以看到，通过重塑追索权并对票据进行“承直”剥离，搭建起相应的基础设施和制度，可以有效降低银行系统内部交叉传染的风险、控制贴现行单一信用主体风险敞口规模、阻断对企业的风险外溢，并为未来通过市场违约指数等监控系统性风险，度量其压力水平提供了直观的工具。

但也应该意识到，贴现行“刚兑”在加剧系统性风险传染，增加处置复杂度上扮演了相当重要的角色。“承直”剥离票据仅仅将风险进行了重新划分，通过市场化手段调节机构的风险敞口，使风险传导路径更加清晰和可控，但并不能消除风险，风险被转移至中央对手方而成为新的系统性风险隐患。同时，SCRMWOB合约的保证金和盯市制度以及配套会计和监管准则对贴现行的影响，长远来看是否会抑制或改变贴现行为一时难下定论。单从降低金融交叉风险的角度来看，在简单的票据资产之上，搭建复杂的衍生结构及配套基础设施以抵消潜在的系统性传染，虽极有必要，但显得过于繁复。或许适时取消贴现行的“刚兑”，也不失为一种可供参考的选择，正如14世纪英格兰逻辑学家、圣方济各会修士奥卡姆的威廉所提出的简单有效原理——“如无必要，勿增实体。”

参考文献

[1] 中国银行保险监督管理委员会 . 银行业金融机构法人名单（截至 2018 年 12 月底）.

[2] 上海票据交易所 . 2019 年第三季度票据市场运行情况 [EB/OL]. (2019-10-17). http://www.shcpe.com.cn/info_61_itemid_1766.html.

[3] 上海票据交易所 . 2019 年上半年票据市场运行情况 [EB/OL]. (2019-07-29). http://www.shcpe.com.cn/info_61_itemid_1686.html.

[4] 上海票据交易所 . 2019 年第一季度票据市场运行情况 [EB/OL]. (2019-04-24). http://www.shcpe.com.cn/info_61_itemid_1602.html.

[5] 上海票据交易所 . 2018 年票据市场运行情况 [EB/OL]. (2019-01-24). http://www.shcpe.com.cn/info_61_itemid_1421.html.

[6] 上海票据交易所 . 2018 年第三季度票据市场运行分析报告 [EB/OL]. (2018-11-02). http://www.shcpe.com.cn/info_61_itemid_1328.html.

[7] 上海票据交易所 . 2018 年上半年票据市场运行情况 [EB/OL]. (2018-08-03). http://www.shcpe.com.cn/info_61_itemid_1236.html.

[8] 上海票据交易所 . 2018 年第一季度票据市场运行分析报告 [EB/OL]. (2018-04-25). http://www.shcpe.com.cn/info_61_itemid_1051.html.

[9] 上海票据交易所 .2017 年票据市场运行分析报告 [EB/OL]. (2018-01-25). http://www.shcpe.com.cn/info_61_itemid_610.html.

[10] 李泽 . 创设票据“存托凭证”——基于交易效率、标准化等考量 [J]. 金融市场研究，2019, 2(81):50-59.

[11] 李轶鸣 . 中央对手方清算机制作为宏观审慎政策工具的演进、机理以及监管 [J]. 中国货币市场，2017, 4(185):70-75.

票据服务实体经济

推动票据回归本源 助力实体经济发展

李明昌　汪武超[①]

［摘　要］经历了大发展、大整顿的票据市场正站在新的起点，面临复杂挑战，也充满诸多机遇。票据因企业贸易诞生，最终要回归企业本源，未来商业银行一要继续拓展票据支付结算和投融资功能，二要利用信用功能化解企业三角债，三要用再贴现引导资金精准滴灌中小企业，四要用金融科技改善融资服务降低成本，五要引货币市场资金之水浇灌实体经济之花，六要发展票据直接融资解决企业融资难、融资贵的问题。

［关键词］回归本源；商票；三角债；应收账款；企业融资

一、当前票据市场发展的挑战与机遇

随着2016年12月8日上海票据交易所（以下简称票交所）的成立及票据电子化的普及，近两年票据市场日新月异，各项业务迅速发展，市场规模不断扩大，产品创新加速推进，票据的支付结算和融资功能不断拓展，支持实体经济

① 作者简介：李明昌，副教授，招商银行总行票据经纪业务部总经理；汪武超，招商银行总行票据业务部风险管理团队主管。

的作用更加凸显。截至2019年上半年，全国票据承兑发生额10.02万亿元，同比增加1.58万亿元，增长18.72%；6月末，承兑余额12.31万亿元，较年初增加1.27万亿元，增长11.50%。其中，电票承兑额9.77万亿元，占全部承兑发生额的97.50%；贴现发生额6.32万亿元，同比增加2.04万亿元，增长47.66%；6月末，贴现余额8.05万亿元，较年初增加1.46万亿元，增长22.15%。其中，电子票据贴现额6.28万亿元，占比高达99.37%。票据市场规模不断增长的同时，逐步实现了票据电子化进程，在强监管的政策引导下，商业银行经营更加规范透明，在纸票时代利用中小金融机构的记账漏洞和信息不透明，通过多次过桥、多层嵌套，以“买+回”“回+买”等方式消规模的操作也随着监管加强和电子化提升逐渐消失。

经历了大发展、大混乱、大整治后的票据市场正站在崭新的起点，既面临复杂挑战，也充满更多机遇。

（一）当前票据业务发展面临的挑战

1. 法律法规修订滞后于票据市场的最新发展实践。我国现行的票据基本法律法规主要是20世纪90年代颁布的《中华人民共和国票据法》（以下简称《票据法》）《票据管理实施办法》《支付结算办法》《商业汇票承兑、贴现与再贴现管理暂行办法》，滞后于当前票据市场的发展实践。一是无法完全满足当前票据市场发展的现实需要。当时票据被设计为支付结算工具，限制了其融资功能，削弱了服务实体经济的能力，而且条文是基于纸质票据而定的，缺乏对电子票据的支持，当前占主导地位的电子票据的法律依据不足，一些基于电子票据设计又符合市场发展需要的制度机制的效力得不到司法或监管部门的一致认可。二是无法满足防范和化解金融风险的要求。《票据法》强制提供真实贸易背景证明，无形提升了企业融资成本，催生了民间票据市场发展，由于民间票据市场操作标准不一，容易滋生违法行为。三是对商业信用体系的建设发展关注不够，商业承兑汇票（以下简称商票）的评级制度和开票企业的信息公开制度尚未建立起来，导致商票业务发展和创新受阻，票据融资工具单一，过度依赖银行信用，兑付风险聚集在银行体系难以化解，当前环境下一些承兑业务增长过快的中小银行面临较大的信用风险。

2. 低利率与高风险环境削弱银票的盈利水平和配置价值。近年来，随着实体经济下行压力不断加大以及利率市场化程度不断提升，票据市场利率持续下行。数据显示，国股银票转贴现利率从2018年初的5.0%以上降至2019年末的2.8%左右，短期票在特殊时点的报价甚至跌破2%，尤其2019年以来，票据利率与金融债利率、同业存单利率长期倒挂，部分时点甚至与商业银行内部资金成本（FTP）倒挂。

在长期的票据市场低利率环境下，商业银行配置票据资产的盈利水平下降，甚至低于金融债、同业存单、理财的收益率，商业银行资产负债配置策略将向金融债、同业存单等大类资产倾斜，同时，低利率环境下买卖利差收窄，通过交易获利的空间非常有限，甚至利率一旦反转，商业银行的存量票据资产卖出可能产生亏损。因此，长期低利率环境下，商业银行对票据资产的配置意愿更多的是为填补对公信贷投放的不足，是为了完成监管指标，而非以营利为目的，一旦商业银行的对公信贷投放稍有稳定，票据规模和资金配置将被压缩。

更重要的是，随着包商银行、锦州银行、恒丰银行被接管或重组，以及监管将推动资产规模1000亿元以下且存在潜在风险的中小金融机构并购重组消息的传播，市场对中小金融机构的流动性风险和信用风险的担忧更甚，目前中小金融机构尤其是一些“网红”银行承兑的票据的接受度极低，已很难在市场上流通，这些银行承兑量减少直接导致保证金存款减少，又反过来影响其负债增长、扩大流动性缺口，形成负向反馈。另外，中小银行的票据在商业银行票据资产配置中的占比迅速下降至历史低点，而国股银票又维持低定价和低利差，票据收益几乎无法覆盖包括资金成本、税收成本、资本成本、运营成本等在内的综合成本。

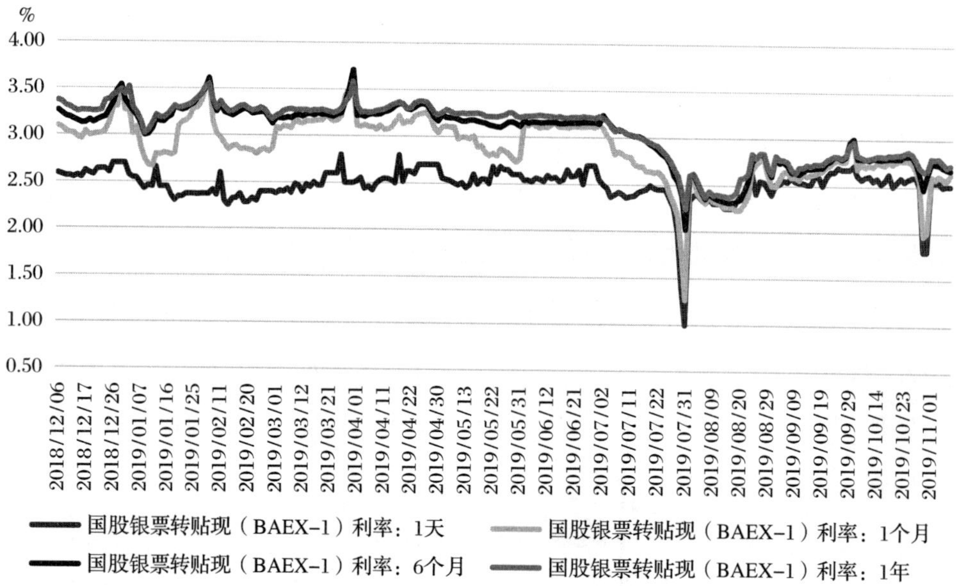

数据来源：同花顺iFinD。

图1 上海票据交易所国股银票转贴现利率走势

3. 诸多企业空转套利加剧了票据业务的合规风险。2019年以来，票据市场利率持续走低并与结构性存款、大额存单收益率倒挂，为一些企业通过结构性存款（存单）质押开票并贴现进行套利提供了市场空间。无论是专门的票据套利企业，还是熟悉票据融资工具的实体企业，都存在利用结构性存款与票据贴现之间的利差进行套利或降低财务成本的动力。统计显示，2019年第一季度，结构性存款和票据承兑、贴现规模大幅增长，其中不乏存在银企双方共同推动的套利业务，引起市场人士的质疑和监管的高度关注。空转套利资金在金融体系空转，并未真正流入实体经济、支持有真正融资需求的企业，而且有很多资质参差不齐的票据中介参与，甚至与银行工作人员相互勾结，存在较大的操作风险、合规风险和道德风险。

2019年10月18日，银保监会发布《关于进一步规范商业银行结构性存款业务的通知》，近11万亿元的结构性存款业务面临整顿规范和规模压缩。在此之前，北京银保监局发布了《关于规范银行业金融机构票据业务的监管意见》，进一步加大了打击票据套利行为的力度，可能成为全国票据业务监管的风向标。未来，票据空转套利、跨产品套利、监管套利等违规行为将成为监管的重点检查领域和整治范围，商业银行经营也会更加审慎，从长远看，这有利于票据业务的健康发展，但短期内将会影响企业的开票量和贴现积极性。在强监管、严整治的环境下，票据承兑量和贴现量将难以延续2019年总体高速增长的态势。

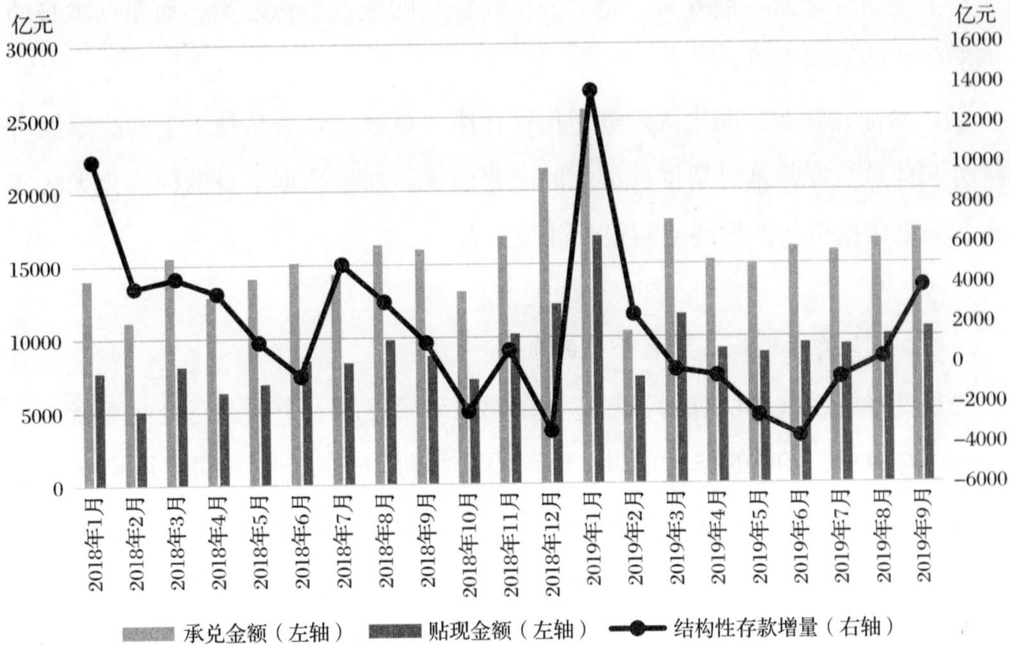

数据来源：中国人民银行网站，同花顺iFinD。

图2 票据承兑、贴现金额与结构性存款增量月度变化趋势

4. 票据资产标准化进程放缓影响票据发展前景。人民银行等四部委2018年4月发布的《关于规范金融机构资产管理业务的指导意见》和2019年10月发布的《标准化债权类资产认定规则（征求意见稿）》，明确了标准化债权类资产的构成要件及具体标准[①]。对照文件条文规定，票据资产因无法满足等分化、信息披露充分、公允定价的认定标准，依然被认定为非标化债权类资产，商业银行票据资产管理计划在2020年底前面临压缩转回表内的压力，期限错配和投资占比将被严格限制。虽然票交所积极创新推出“标准化票据”投资，以存托凭证的形式满足了标准化债权类资产的五大认定要件，该产品有望被认定为标准化债权类资产，但由于目前该产品发行规模小，相关制度尚未健全，操作流程不够畅通，发行手续复杂、效率较低，还不能全市场推广，无法形成规模。标准化票据投资是把存量通道类（被动管理）票据资产管理计划转为在票交所平台上主动管理的一种方案，是“非标转标”的短期治标之策，而票据本身的标准化才是治本之道。

总体看，票据标准化认定进程仍存在诸多难题，未来从技术上解决票据可等分和信息披露是推进票据标准化的必要前提。如果票据本身的标准化无法实现，未来票据市场的发展空间很难继续扩大。

（二）当前票据业务发展面临的机遇

1. 良好的政策环境有利于加速推动票据市场发展。中国民营企业贡献了全国60%的GDP、70%的技术成果、80%的就业和90%的企业数量，可见解决了民营企业的问题，便解决了中国经济增长和社会就业的诸多问题。票据是可以有效解决企业间“三角债”“多角债”问题，为广大民营企业和中小企业提供便捷融资的重要工具。党中央、国务院对民营和中小企业融资难、融资贵问题的高度重视和行动部署，有利于推动票据业务加快发展。2019年7月30日，中共中央政治局召开会议部署下半年重点工作，提出要“采取具体措施支持民营

① 《关于规范金融机构资产管理业务的指导意见》第十一条第一款：资产管理产品进行投资应当符合以下规定：（一）标准化债权类资产应当同时符合以下条件：（1）等分化，可交易。（2）信息披露充分。（3）集中登记，独立托管。（4）公允定价，流动性机制完善。（5）在银行间市场、证券交易所市场等经国务院统一设立的交易市场交易。

企业发展，建立长效机制解决拖欠账款问题”。8月26日，中国国新控股有限责任公司联手中核集团、航天科技、中国石化等51家央企在北京发起设立商票互认联盟，成立了“企票通”平台，共同构建央企间信用合作平台，打破电子商票流通瓶颈，提供“线上+线下”的票据业务支持，推动“两金”压控、产业链清欠及民企清欠工作扎实开展，贯彻落实党中央、国务院关于清欠行动的决策部署和推进供给侧结构性改革。人民银行也表示将通过再贴现等政策工具积极支持票据业务发展，引导信贷资金投放和精准滴灌，解决中小微企业融资难、融资贵问题，这为市场各方推动企业间应收应付账款票据化，推进商票业务快速发展提供了良好的环境。

2. 供应链金融的发展为票据市场开辟新的蓝海。近年来，在实体企业融资难、融资贵的大背景下，互联网和大数据技术的深度应用，让供应链金融越来越受到关注。党中央、国务院高度重视供应链金融发展推动工作，围绕供应链金融发展，国家各部门、各级政府制定出台了一系列政策措施，鼓励金融机构积极运用商业汇票发展供应链金融，对优质企业签发商业汇票提供保贴业务，通过技术和流程创新，加大小额商业汇票的推广，解决供应链上下游中小微企业的融资问题。

票据是发展供应链金融的天然产品。票据因贸易而生，而供应链上的企业都具有特定的贸易应收应付关系，同时电子票据大发展为应收应付信用关系的高效流转提供了条件，防伪性和便利性是其两大优势。再者，票据是由《票据法》保障的，法律确权具有天然性。票据融资则是供应链金融的天然优质载体。通过嫁接银行信用，引导社会资金认可，从而拓宽企业融资渠道和资金来源，既可以帮助企业盘活应收账款减少资金压占，又能促进企业融资方式从间接融资向直接融资转变，降低企业杠杆率和综合财务成本。

从国务院和人民银行公布的相关数据看出，AA+以上企业的应收账款可以转化为商票的至少有8.5万亿元。乐观地看，如果全国应收账款转化为商票，至少有30万亿元，可见万亿级的商票市场发展潜力巨大，属于未来票据领域的蓝海。

3. 参与主体多元化有利于激发票据市场融合创新。互联网和电子化票据发展新时期，票据市场参与主体不再局限于商业银行、财务公司等传统银行业金融机构，将逐步拓展至非银行金融机构、非法人投资产品、非金融机构企业和公众以及相关第三方机构。一方面，在票交所模式下，标准化票据的成功创设，已吸引了券商、资管、律师事务所、上海清算所等非银行金融机构和第三方服务机构的积极参与，承担了承销、管理、结算、咨询和投资者的角色。未来随着票据质押融资、衍生品投资、基金产品等的创新发展，将会吸引部分企业和个人投资者通过投资指数、基金产品等方式加入票据市场行列。另一方面，在票交所服务无法覆盖的地方，广大民间资本和信息科技服务公司积极参与并已占有一席之地。深度票据网、同城票据网、兴业数金“执剑人”等票据平台或系统已嵌入企业与企业之间的票据背书交易环节，甚至已成为企业与商业银行票据业务开展的中间“桥梁”。市场参与主体的多元化，客观上为票据市场创新发展提供了无限可能，多元化需求和各类主体的碰撞也极大地激发产品创新和投资热情。

4. 金融科技创新助力票据服务升级和降低融资成本。金融科技的发展正在深刻地影响着票据市场，广大商业银行通过强化金融科技，在改善票据服务和降低融资成本方面已取得显著成效。招商银行“在线贴现”、中信银行“信秒贴”、江苏银行“小微e贴”、恒丰银行“e票通”、“京票秒贴”等通过金融科技创新的在线票据融资方式，可以帮助企业实现“足不出户，一点即融”，即便是在节假日也可快速获取资金，在降低企业融资成本、提高融资效率的同时，还为客户提供最大限度的便利。“票付通”可为线上B2B平台支付提供票据见证、锁定功能，解决B2B电商买卖双方不信任的问题。“贴现通”则可为企业在短时间内获得更多贴现融资渠道，以更低价格获得贴现资金。金融科技的创新带来票据产品和服务的不断升级，有助于提高客户体验，融资渠道的畅通和信息的透明也有助于降低企业融资成本。据不完全统计，2019年前三个季度，企业通过线上贴现的平均融资成本比线下贴现要低15~20个基点，而票据平均融资成本普遍低于其他融资工具，优势明显。

表1 票据与其他融资工具的差异

产品名称	流资贷款	商票保贴	银票贴现	付款代理	企业发债
额度申请	授信	保贴额度	同业额度	授信	授信
资质要求	较低	低	低	较低	高
融资成本	5.7%~6.5%	4.0%~6.5%	2.5%~5.0%	4.1%~5.2%	3.5%~5.0%
流程繁简	较简	较简	简单	烦琐	较简
产品流通性	低，不可转	较高，可转	高，可转	低，不可转	较高，可转

二、促进票据回归本源支持实体经济

票据是基于企业贸易而诞生的，应定位于支持实体经济。当前宏观经济下行压力增大、企业资金链脆弱生存压力增大的环境下，票据业务需要回归本源，为民营企业和中小微企业融资提供大力支持，助力我国经济企稳回升。推动票据业务回归本源，应在以下几个方面着手。

（一）继续拓展票据支付结算和投融资功能

票据最早作为企业支付结算工具，被广泛用于企业间的债务偿付。随着票据市场的不断发展，票据功能不断拓展，已从票据支付结算扩大至票据融资和投资领域。2019年上半年，票据签发金额10.02万亿元，同比增长18.73%，企业背书金额达22.25万亿元，同比增长30.14%，上半年票据共支持了32万亿元的企业贸易结算需求，同比大幅增长，说明票据作为支付结算功能已得到充分发挥。融资功能方面，2019年上半年，全国贴现金额6.32万亿元，同比增长47.53%，占票据签发总金额的63.10%。尽管2019年以来票据利率低位运行，企业贴现意愿高涨，但仍有三分之一以上的票据未进入银行贴现，融资功能尚未得到充分发挥，投资功能的发挥更是受制于诸多因素。

一方面，要充分发挥票据融资功能。一是要大力发展银票贴现业务，为实体经济提供便捷融资渠道和低成本资金。进一步发挥金融科技创新优势，为企业提供更加便捷、高效的融资服务，针对广大中小企业对资金需求"短、急、频"的特点，加快产品和服务创新，优化银行作业和审批流程，简化贸易背景等资料审查，提高融资效率。用好人民银行再贴现额度和政策支持，重点扶持中小微、"三农"、科技、绿色企业，利用差异化定价和再贴现利率优惠，实现信贷资金的精准滴灌。二是加快商票贴现、保贴业务发展。在票交所兑付规则下，商票的兑付风险大幅下降，尤其在当前中小银行流动性风险和信用风险凸显的环境下，一些大型央企、国企签发的商票的兑付风险要比少数中小银行承兑的银票风险更低。商业银行应着力破除影响商票业务发展的风险政策、管理制度、业务流程、授信审批等方面掣肘，大力推动商票业务发展。

另一方面，要充分挖掘票据投资功能。目前票据在资管、理财业务发展方面有一定规模但总量有限，投资功能有待进一步挖掘。一是要加大力度推进票据标准化，率先在技术上实现可拆分、可等分。目前，票据的固定金额和整体转让不便于持票企业后续支付和流转。票据拆分是为了解决企业便捷、灵活、按需支付货款的需求，如当企业持有的票据金额大于需支付的货款金额时，通过将票据拆分为若干等额票据，如同现金一样按货款金额支付给卖方，降低企业的支付成本，同时实现票据可等分，有助于票据被认定为标准化债权资产，为其他市场投资者投资票据资产打通道路，未来企业及个人投资者可以投资以票据为标的的相关金融产品。二是创新发展票据衍生品投资，如远期票据合约、票据期权等。票据衍生品投资有利于市场参与主体实现套期保值、经营利率风险，增加期权费和投资收益。

（二）利用信用功能解决企业应收应付问题

商业银行应从传统融资逐步转向"融信"，通过合理的服务方案设计，帮助企业利用自身信用解决供应链应收应付问题。

一是从央企、国企等核心企业推进应付账款票据化，化解供应链企业的“三角债”。当前，大型央企、国企利用强势地位拖欠民营企业货款已是常态，大量民营企业也存在相互拖欠的现象，“三角债”严重影响企业现金流，据统计，目前企业应付账款约17万亿元，被拖欠的民营企业则苦不堪言，引起党中央、国务院的高度关注，专门开展全国“清欠”行动。而票据的诞生正是为了解决“三角债”问题，假设A是核心企业，其签发一张商业汇票给其供应商B，便解决了A对B的欠款，随后B可以将这张票据背书给其上游供应商C，又解决了B对C的欠款。以此类推，这张票据可以解决供应链上的企业之间的应付账款，且财务成本几乎为零。因为对A、B、C企业来说，除了A签票时需要支付票面金额万分之五的手续费，背书流转几乎不需要支付财务成本，只有需要现金时才会向银行贴现融资。但假如没有这张票据，这些企业就需要通过自有资金、银行贷款或民间融资来支付欠款，付出更高的财务成本。

二是引导核心企业签发商票，激活核心企业大量沉睡授信额度。目前大部分企业主要使用银票进行支付结算，对商票的认知度和认可度较低。据不完全统计，大型核心企业在商业银行近7000亿元的授信额度未能有效利用，处于沉睡状态。随着以“企票通”为代表的商票互认机制在大型企业间的应用推广，优质企业从银票向商票转变将是一种趋势。商业银行可联合核心企业，将核心企业闲置额度用于供应链商票保贴业务，通过核心企业信用输出，解决供应链上其他民营企业、中小企业的融资问题。对于核心企业而言，商票相比银票具有签发流程简便，不支付融资成本的优势；对于供应商而言，票据具有债权关系明确、流动性强、能够快速变现的优势；对于商业银行而言，商票具有高定价、高收益的特点，能大幅提升票据交易价差空间。

三是建立商票信用评级体系，主动经营信用风险。商票信用风险的大小是由承兑人的信用资质、付款能力、偿付意愿决定的，当前一些中小金融机构的信用低于大型央企、国企。票据评级是指对票据承兑人的信用资质、付款能力、偿付意愿进行综合评价、分类分级，以及信息披露，以引导市场其他主体通过定价覆盖信用风险的一种机制。信用评级的引入，可以更好地完善票据风险定价机制，经营信用风险，推动商票业务稳健发展。

（三）用好再贴现引导资金精准滴灌中小微企业

近两年的实践表明，作为货币政策工具之一，再贴现可以有效传导人民银行政策意图，发挥定向调控和精准滴灌的作用，引导资金切实流入实体经济和“三农”、小微、绿色、科技等重点扶持领域。

一是要持续加大再贴现规模。2018年新增再贴现和再贷款额度4000亿元，但总量仍不足以支持中小、民营企业融资需求。为了让更多的中小、民营企业能够通过再贴现政策得到扶持，建议人民银行持续增加再贴现额度，以便商业银行通过“贴现—再贴现—贴现”操作和利率优惠，降低企业票据融资成本，更好地支持地方企业发展。

二是适当降低再贴现指导利率。当前票据市场利率已降至2.5%~2.8%区间，然而再贴现利率长期维持在2.25%，贴现与再贴现之间的利差已无法激励商业银行办理再贴现业务的积极性，建议人民银行结合资金市场和票据市场利率变动，适度降低再贴现利率，增加商业银行办理再贴现的积极性，从而更好地引导金融支持实体经济发展。

三是统一全国再贴现标准。目前，各地人民银行办理再贴现时，对票源、票面金额、企业类型等没有统一标准，对票据赎回划款、期限等操作也有差异，给商业银行组织票源办理再贴现带来不便，影响系统操作和业务效率，建议人民银行统一制定再贴现客户名单管理办法，统一业务审查标准，提升再贴现支持企业融资的效果。

四是简化再贴现流程系统，打通人民银行客户端与商业银行客户端，将再贴现业务线上化、平台化。目前商业银行办理再贴现业务手续流程烦琐，需要提供大量纸质资料，人民银行采取人工审核票据的方式，耗时耗力，效率不高。建议票交所进一步完善系统，优化再贴现操作，通过系统自动判断票源的适格性，让商业银行直接在系统上传再贴现相关材料，免去大量纸质材料的提交和人工审查，提高再贴现业务效率。

（四）引流货币市场资金浇灌实体经济之花

一是建议尽快修订《票据法》，确认票据的投融资属性。正如前文所述，在票据业务发展实践中，融资功能已成为票据重要功能之一，应尽快修订《票据法》，重新认定票据的功能和属性，承认票据的无因性，准确区分票据关系和基础关系，适当放宽票据融资标准，引入其他市场参与主体共建票据市场，进一步发挥票据在优化金融资源配置，支持实体经济发展中的作用。

二是加强跨市场融合创新，通过票据标准化打通货币市场和投资市场资金。票据是唯一能够连接实体经济、信贷市场、货币市场和投资市场的金融工具。未来一旦实现票据标准化，企业可以将签发的票据通过票据经纪机构设计发行基金或理财产品，通过公募/私募的方式，像股票一样在票交所发行实现直接融资，证券公司、信托公司、企业和个人投资者进行认购投资，众多参与主体和大量多元化资金涌入票据市场，将更多的资金通过票据引入实体经济，进而解决企业融资难、融资贵的问题。

（五）利用金融科技创新优化流程降低成本

一是商业银行票据业务全流程线上化。目前众多商业银行推出的在线贴现已经得到企业的广泛认可，票据在线承兑等新功能也将上线，未来企业可通过手机APP进行票据承兑、质押、背书、托管、贴现和投资，通过在线扫描上传资料，票据全流程线上化操作，优化票据业务流程，降低企业融资成本和时间成本。

二是以市场思维升级票交所“贴现通”平台。目前票交所“贴现通”平台只向部分商业银行开放，建议继续升级“贴现通”平台，面向企业（而不是银行）开放和设计业务流程。企业可直接在票交所平台注册用户，上传企业基本信息及报表，通过票交所审核后，可在“贴现通”板块对拟贴现票据进行分类报价，贴现机构在平台上直接摘牌，无须再通过经纪机构撮合，解决企业开户及贸易背景审查问题，优化“贴现通”业务流程，降低中小企业融资成本。未来要以票交所为核心，逐步建立涵盖“贴现通”平台、地方票据交易中心、区域金融资产交易所、民间票据平台等多层次、多区域的票据转让市场，最终实现任何企业的任何票据都可向任何贴现行询价，并以最优成本获得融资。

三是依托科技技术解决票据可拆分及标准化问题。通过科技创新和系统改造，设计可等分、标准化票据，使开票企业可通过网银直接签发出可拆分票据进行支付和流转，持票企业可根据支付货款金额大小对票据进行拆分，大幅提高企业融资效率。

四是利用区块链技术促进民间票据服务平台规范化。未来应推动区块链技术与票据市场融合发展，引入数字票据、智能合约，引导民间票据平台规范参与票据市场活动，通过区块链技术解决信息不对称、数据透明性、经营规范性、交易安全性以及弱监管等问题，逐步引导民间票据平台阳光化、规范化发展，减少票据业务风险。

（六）发展票据直接融资解决企业融资难、融资贵

直接融资是票据市场未来发展的方向。建议市场参与者联合打造包含票据发行、见证、增信、经纪和投资等多方面业务的票据融资服务平台，改变依赖银行贷款的间接融资主导地位，大力发展票据直接融资。例如，成立融资性票据发行平台，如票券金融公司，平台可与第三方信用评级或征信机构合作，为中小企业发行融资性票据提供咨询、承销、顾问等投顾服务。企业发行的票据可在平台上由商业银行、非银机构甚至企业、个人进行认购，疏通中小企业直接融资渠道，彻底解决小微企业融资难、融资贵问题。

推动票据业务经营转型服务实体经济高质量发展

杨 栋 黄永军①

[摘 要] 自成立以来，票交所全面重构了票据市场基础设施和规则体系，持续推进机制、制度和产品创新，不断提升票据市场规范化、线上化、专业化水平，为票据业务助力实体经济发展提供了广阔的空间和平台。基于票据市场运行规律、交易方式、参与主体、产品种类均发生重大变化，商业银行应坚守本源，聚焦服务实体经济发展，积极推进票据业务经营转型，通过组织架构、管理流程、业务模式、产品创新、风险防控等方面的深化改革，全面提升票据业务服务效能，为发展普惠金融、服务实体经济高质量发展作出积极贡献。

[关键词] 票据业务；经营转型；实体经济；高质量发展

2016年12月8日，上海票据交易所（以下简称票交所）成立，票据市场破旧立新，迈入了电子化、线上化、集中化的新时代，中国票据市场发展掀开了

① 作者简介：杨栋，中国民生银行票据业务部副总经理；黄永军，中国民生银行票据业务部副处长。

新篇章。票交所重构票据市场基础设施和规则体系，持续推进机制、制度和产品创新，全面提升票据市场规范化、线上化、专业化水平，为票据市场的稳健发展奠定了基石，为票据支持服务实体经济开辟了广阔的发展空间。

一、我国票据市场发生深刻变革

（一）票据市场功能重构

成立以来，票交所先后制定了几十项基础性规章制度，构建完善了票据市场的统一交易规则和制度体系，全面建设了全国统一的票据交易平台，深入推进票据及其交易过程的电子化和数字化进程。历经三年的顶层设计和精心建设，票据市场基础平台设施健全完善，基础交易规则、制度体系和运行机制基本完备，全国统一、信息透明、以电子化方式进行业务处理的现代票据市场框架初步建立。

票据市场标准化、专业化、电子化乃至数字化程度的显著提升，以及持续的业务创新，使票据市场服务实体经济的功能进一步拓展。作为一个有健全基础设施和完整明确制度规则的公开市场，未来票交所可以作为中国短期债务融资的主导型市场，与银行间债券市场和交易所券商市场形成功能分工与互补，既为扩大短期债务融资规模提供便利性，也有利于增强短期债权性资产的流动性，从而提高整个金融市场的资源配置效率，有效传导人民银行货币政策意图。

（二）产品创新方式转变

票交所对纸质票据通过信息登记、权属登记等电子化处理，实现了纸质票据的电子化交易。票据市场电子化程度显著提升，电票成为市场的绝对主体，极大地提高了交易的便利化。票交所对票据系统外交易、提示付款、场内追索等涉及资金的业务，采用了“一点接入、一点清算”的票款对付（DvP）清算模式，实时清算，业务流程趋于高效。票交所引入“票据信用主体”等相关规则，将票据重塑为标准化的类债券产品，票据向短期债务融资工具转型。

票交所时代的票据创新走向规范化，朝着科技应用创新、市场风险管控、资源配置效率提升等方向展开。连接应用场景平台，深化特色客群经营，整合线上、线下渠道资源，深化发展符合实体客户需求的线上化、智能化、综合化、一站式的票据产品解决方案等，不断提升服务质效和客户体验，有效支持实体经济发展。

（三）经营模式丰富多元

票据市场参与机构及其业务经营模式更趋丰富，票据业务的经营逐步向综合化方向发展转变。商业银行票据业务将从传统的持票生息和交易获利的盈利模式，向票据增值服务、票据投资服务不断拓展，将更加依赖交易、投资、票据增值服务和主动经营商业信用风险获利。

（四）交易主体结构优化

《票据交易管理办法》规定，除银行类机构（含信用社）和财务公司外，信托、证券、基金、期货、保险等非银行金融机构和非法人类投资产品均可作为票据市场的交易主体。票交所引入新的市场参与者，参与主体更加丰富和多元化，扩大了票据业务跨市场的发展空间，打通了票据资产和其他资金的流通渠道，未来整个票据市场的资金需求和供给都会显著增加，有利于更好地发挥票据市场的投融资功能，大幅拓展了票据市场的深度和广度。

（五）风险管控模式改变

随着票据市场生态的重塑，票据市场运行制度、交易规则的改变，电票的大力发展，票交所系统对票据业务各环节实现电子化操作和系统刚性控制，显著降低了市场操作风险。票据业务风险管理从操作风险管理更多转向市场风险和信用风险的管理。

二、商业银行票据业务的战略再定位

（一）票据业务回归本源，助力服务实体经济

党的十九大和全国金融工作会议强调，金融必须回归服务经济发展本源，增强金融服务实体经济的能力。在去杠杆、防风险、金融监管趋严的背景下，基于我国金融市场的服务实体经济、防控金融风险和深化金融改革的三大发展目标，票据业务必须回归服务实体经济的本源，围绕票据全产品、全生命周期链条，以客户为中心，健全票据产品服务体系，提升产品融合创新力度，增强票据“支付结算、信用与融资、交易投资”等专业服务能力，精耕细作实体客户，促进票据融资的便利化，降低实体经济成本，满足实体经济综合化金融需求。

（二）票据是发展普惠金融、传导货币政策的重要金融工具

票据市场，一头连接着实体经济，另一头连接着货币市场，商业汇票是与实体经济联系最紧密的金融工具。票据一级发行市场，包括承兑和贴现，是服务实体经济最有力的金融工具；票据二级流通市场和再贴现市场，人民银行可通过货币政策对其定向调控，直接传导至票据一级市场，实现对实体经济的“精准滴灌”。

近年来，中小微企业逐步成为我国经济发展的生力军、就业的主渠道，但融资难、融资贵问题一直是掣肘企业发展的重要因素。相比大型国企、央企，中小微企业受限于股东背景、企业规模、经营状况、资信情况、信用等级等特点，可选择的融资方式较为有限。

票据融资具有门槛低、简便灵活、流动性强、信用提升、融资成本低等优势，在产品购销、贸易结算、信用融资等方面具有先天优势，较好匹配中小

微企业高频、灵活、快速、简便的融资需求。票据业务在完善企业支付结算手段、拓宽投融资渠道、支持中小微企业发展等方面的作用巨大，成为发展普惠金融、传导货币政策的重要金融工具。

（三）探索发展票据创新类业务，打造票据市场健康生态

票交所引入新的市场参与者后，票据市场的专业分工从单一走向多元，将逐步构建起多层次、多元化、更富效率的票据金融服务体系。商业银行作为票据市场基础资产、融资方案和资金的重要提供者，其票据经营将向承兑、贴现、交易、投资以及关联的衍生、增值等业务全周期、全产品链方向转变。

对于经营管理、产品研发和资金运营能力较强的商业银行，经监管机构审批，先行试点票据创新类业务，如票据的信用评级、撮合交易、保证增信、票据经纪和票据代理等业务，由此在传统的票据融资和资金交易的基础上，积极探索发展“轻资本”的票据创新类业务，这将成为商业银行票据业务未来经营转型的重要方向。

（四）商业银行票据业务的战略再定位

票交所的成立以及票据标准化的发展趋势，必将使票据市场成长为一个体量巨大的、运作规范的超级短期债务融资市场。在品种上，不仅有银行承兑汇票、商业承兑汇票、标准化票据，未来还将可能出现商业本票、融资性票据、资产支持票据等多样化票据品种，以及票据衍生品等其他金融工具和投资品。因此，票据业务需要在商业银行未来的业务战略蓝图中重新定位。

从客户融资的角度看，票据也将是继续满足企业融资需求的重要基础性工具之一；从客户财务管理的角度看，票据资产走向标准化是大势所趋，由于久期短、流动性好和信用等级高等特征，票据将成为短期资产重要配置品种。因此，票据作为商业银行的重要战略板块，应该作为重要利润贡献单元和票据产品管理中心来定位，应给予高度的重视和相应的资源配置，而不宜继续以银行

流动性管理工具或是“信贷规模调节阀”来定位。

三、商业银行票据业务经营转型对策

（一）组织变革与职能优化

票交所制度下，票据业务完成向电子化、线上化发展的变革，票据的承兑、质押、贴现、交易、清算等都在票交所平台上登记或交易，票据贴现后业务在票交所系统实现电子化操作。票据业务呈现经营集约化和流程一体化的发展趋势，逐步从传统的贴现、转贴现、回购等点状发展向承兑、贴现、交易、投资以及关联的衍生、增值、创新业务的全生命周期、全产品链发展转变，打造核心竞争力。

商业银行逐步将承兑、贴现、转贴现、再贴现、票据池、票据质押、票据资管等产品集中到票据专营部门管理，以统筹考虑承兑手续费、保证金、贴现利率、交易价差和综合收益等因素，提供基于票据全生命周期、全产品链的一站式专业金融服务，提升票据业务的综合回报水平。此外，基于票据交易电子化、线上化的变革，票据交易向集中化方向发展，目前以“总—分—支”区域分散为主的票据交易模式将被颠覆，票据业务组织架构上呈现由多级交易迈向集中交易的趋势。因此，在票交所时代，应顺应新市场环境变化，转向总行专营转贴现（利润仍留分行享有），分行直营承兑、直贴、再贴，构建“分类授权分类管理”的业务运营体系，并进行相应的组织机构、营销体系、授权体系改革和职能调整，既发挥总行集中经营的优势，又能充分调动分行的业务积极性，实现资源的合理化、最优化配置。

（二）强化客户开发：以客户为中心，以产品为驱动，满足客户综合化金融需求

重点发展票据一级市场的承兑和贴现业务，助力实体经济发展。以客户需

求为中心，加强票据产品与服务模式创新，减少融资环节，缩短融资链条，提高融资效率，促进票据融资的便利化，降低企业的融资成本和难度，满足客户支付结算和信用融资等综合化金融需求。

1. 顺应金融科技发展趋势，连接应用场景开展产品创新，通过票据线上支付、自助贴现等自动化产品，提升服务效率和客户体验。依托票据电子化平台优势，连接应用场景开展产品创新，推进票据线上支付、企业自助贴现和互联网票据等业务的发展，提升客户体验、降低业务成本，扩大基础客群的数量及合作深度。通过科技系统核验控制替代传统人工操作，实现企业网银端票据线上支付、贴现的全流程自助操作，简化业务流程，不断提升票据结算融资的线上化、自助化、智能化水平，为中小微客户提供快捷、便利的金融服务。

2. 持续优化票据池业务，强化对客户票据资产的集约管理。开展票据池融资业务，切入客户生态圈短期应收资产集约管理，搭建资产池作为标的资产实现担保融资。一方面，对企业票据提供代保管服务，实现存取票全流程自动化，提升流程效率，降低财务管理成本，带动客户库存票据托收存款留存。另一方面，集合企业的票据、保证金等资源，质押生成票据池额度，用于质押融资出账，授信额度动态管理，提供多种融资方式选择，到期自动还款，提升融资能力，降低融资成本，满足企业资金结算及融资需要。

3. 票据业务助力服务实体客户，推动“贷款票据化”转型。一是从源头上培养客户和分支机构签发、贴现以及获得电子票据，用票据替代传统流动性贷款，加强用票据产品方案服务客户需求，加大对票据贴现营销的力度，提升本行承兑票据的回行率。二是抓住消费升级和产业升级机会，研究企业支付结算及融资需求，加强票据产品的创新研发，发挥票据产品优势，提供快捷、便利的金融服务。三是以票据产品服务为抓手，深挖综合授信客户和实体客户的融资需求。简化用票流程，以电票代替资金汇划结算，便捷业务办理。应用票据置换等产品，解决小微客户授信难、额度少的问题。四是联动人民银行各分支机构，积极发展人民银行再贴现业务，充分发挥支持绿色金融、民营、小微企业发展的“精准滴灌”作用。

4. 以核心企业为中心，围绕供应链、产业链发展票据融资服务。供应链票据融资是指银行与企业将核心企业及其上下游企业联系在一起，提供灵活便利的票据融资服务。产业链票据融资是指银行与企业以产业链核心企业为依据，针对产业链的各个环节，设计个性化、标准化票据金融产品，为全产业链企业提供票据融资的服务模式。

积极发展供应链、产业链票据融资，将核心企业优质信用传递至外围供应商，依托核心厂商资信，在其供应链上下游结算场景中推广电子商票应用，通过商票保贴等结构安排解决客户融资的差异化需求，提升服务实体经济的能力。

（三）盈利模式创新：专业化稳健经营信用风险，提升票据业务发展空间

1. 在企业客户端，专业经营商业信用，优化对银票承兑和商票贴现业务的综合定价，提升盈利空间。境外票据市场的蓬勃发展，主要依托商业信用的经营，得益于商业承兑汇票、融资性票据及商业本票的繁荣发展。借鉴境外票据市场的发展经验，积极发展商业信用类票据业务，包括银票承兑和商票贴现业务等，将是商业银行的必然选择。

银票承兑和商票贴现业务，面向企业客户，主要承担着商业信用风险并获得相应信用溢价。从企业客户端看，要更加突出对承兑和贴现环节的综合定价，统筹安排承兑手续费、保证金、托收回款沉淀、贴现利率和综合收益等要素，通过专业经营信用风险获利。

一是通过开展授信企业商票保贴，买方付息、协议付息贴现，承兑手续费与企业信用状况、保证金存款挂钩，提高本行承兑票据的回贴率等方式，获得较好的综合收益。二是将客户的存量资源进行整合，盘活存量资源，进行深度的综合经营。三是促进电子商票应用，发挥企业的商业信用，推广电子商票的支付功能，并以上下游关系密切的产业链龙头企业或集团企业为重点，带动产

业链上下游企业使用电票。

2. 在同业客户端，加强对票据承兑行和贴现行的信用评估与判断，实现客户优选和经营策略差异化。在票交所追偿机制框架下，承兑行、贴现行、保证增信行成为信用主体，应强化对承兑行、贴现行、保证增信行的授信管理和风险管控。作为直贴行，承担着被直接追索的责任，收益需要覆盖相应的经济资本成本。银票贴现、票据转贴现业务，主要承担同业信用风险并获得相应信用溢价。从同业客户端看，要更加突出对承兑行和贴现行的信用等级分层，统筹考虑信用主体等级、业务品种、期限等进行票据资产定价，尤其对于中小金融机构票据、财务公司票据，要通过专业判断同业信用风险并给予合理定价。

（四）构建“投研一体化”体系，提升票据交易盈利能力

票据市场积极引入和扩展新市场参与者，打通票据资产和其他资金的融通渠道，推动票据市场资金需求和供给的显著增长。票据电子化、平台统一化、交易集中化、信息透明化，使场内票据交易趋近于债券的交易模式，短期质押式回购业务将趋于活跃。从交易端来看，在专业经营同业信用风险基础上，核心要提升对市场趋势的准确研判能力，以及对高附加值票据资产的配置能力。

对此，商业银行应构建“投研一体化”的交易机制，建立专业化、市场化的投研团队、交易团队和风控团队。投研团队加强对宏观经济金融政策的把握和对货币市场、债券市场利率走势的研判；交易团队重点强化对交易盘面的分析掌控，加强研究成果与交易策略的融合应用；风控团队针对不同信用主体，建立与风险定价和风险缓释相关的模型和配套的核算制度。

（五）重点管控好市场风险和信用风险

票交所模式下，票据业务风险管理重点转向频繁交易引发的市场风险和主体多元化带来的信用风险。面对票据业务风险新形势，强化全面风险管理要求，高度重视票据业务的合规管理，有效管控好票据信用风险和市场风险。对

于客户端的信用风险，要对不同的承兑企业、承兑行进行科学定价，并对其信用状况及时监测，逐步建立集中度监测和黑名单制度。对于交易端的利率风险，可借鉴债券市场较成熟的风控管理思路，综合运用风险计量监测工具，建立资产估值模型和盯市制度，逐步构建完善量化利率风险管理体系。

（六）加强同业合作、跨市场合作和多元化创新

一是加强同业合作，以流转创价值，助推直贴业务发展，服务实体客户。拓宽票据流转渠道，加快票据周转，实现好的票据资产运作，积极拓展同业的优质票源。以银银服务、平台建设为基础，为中小金融机构提供金融服务，探索发展轻资本的代客业务新模式。

二是重点推进票交所“票付通”、“贴现通”、标准化票据、票据担保品管理等创新产品的试点推广，提升客户服务效率，促进票据金融服务的便利化。

三是随着票据市场参与主体扩大，票据创新越发深化和多元，票据资管、票据托管、票据资产综合服务、互联网票据、票据同业投资、票据资产证券化等产品不断涌现并得到深化发展。

四是票交所设立意向询价、对话报价、点击成交、匿名成交等交易方式，未来有实力的交易机构将承担起票据做市商的角色，在市场上进行双边报价，提升市场交易活跃程度，为市场提供流动性支持，做市机构需要具备强大的流动性管理和定价能力。

五是类似票据咨询、票据资讯、投顾委外、信息产品等综合化服务项目可能逐步推出，未来票据经纪、票据评级、保证增信等领域具有巨大发展空间，带来新的盈利增长。

六是票据资产证券化（ABS）、资产支持票据（ABN）以及票据衍生品等金融工具，未来均可在票交所平台发行。商业本票及融资性票据有可能逐步放开，这势必带来新的发展机遇和市场空间。

展望未来，随着票交所运行日趋成熟，票据市场将迎来新的黄金发展期，具有广阔的发展前景和市场空间，商业银行需积极把握发展契机，以支持实体经济为己任，加快票据业务经营发展，创新金融产品与服务，争做市场前行的领航者，共同推进票据市场的可持续稳健发展与长期繁荣。

参考文献

[1] 李明昌，汪武超 . 商业银行票据业务经营模式历史演进与战略转型 [J]. 票据研究，2019, 69(2):35−47.

[2] 上海票据交易所 . 中国票据市场：历史回顾与未来展望 [M]. 北京：中国金融出版社，2018.

[3] 汪办兴 . 票交所运行模式下银行票据业务经营转型前瞻 [J]. 上海立信会计金融学院学报，2017, 144(6):80−87.

[4] 张立洲等 . 票据革命 [M]. 北京：中信出版社，2019.

[5] 钟俊等 . 中国票据市场：制度与逻辑 [M]. 北京：中国金融出版社，2016.

金融供给侧结构性改革与票据服务实体经济

王　琨　秦书卷　王文静[①]

[摘　要] 当前，深入推进金融供给侧结构性改革成为经济向高质量发展的重要工作，金融如何高效地服务实体经济是全社会关注的焦点。票据市场是我国金融市场的重要组成部分，票据市场平稳发展，服务实体经济的能力也不断提高。大力发展票据业务是有效解决金融供给侧结构性改革的一个好抓手，同时也需要各方共同努力解决票据市场发展中的相关问题。

[关键词] 金融供给侧；票据；实体经济

习近平总书记曾强调，“金融活，经济活；金融稳，经济稳。经济兴，金融兴；经济强，金融强”。金融与经济共生共荣的依存关系毋庸置疑。经济面上看，我国经济发展速度已由高速步入相对中高速的阶段，发展形态由粗放转向高质量发展阶段。经济能否成功向高质量发展转型取决于各方面因素能否合力有效作用，当前金融供给侧结构性问题是经济向高质量转型需要解决的重要

① 作者简介：王琨，九江银行副行长；秦书卷，九江银行票据中心总经理；王文静，供职于九江银行票据中心综合研究部。

问题之一，需尽快改革。大力发展票据业务是有效解决金融供给侧结构性改革的一个好抓手，同时也需各方共同努力解决票据市场发展中的相关问题。

一、金融供给侧结构性改革是什么

（一）金融供给侧结构性改革被高层频频提起

2019年以来，金融供给侧结构性改革可谓成了热点话题，2019年2月22日中央政治局第十三次集体学习时，习近平总书记首次提出金融供给侧结构性改革这一提法；两会期间，金融供给侧结构性改革成为媒体报道的热词之一；之后人民银行、银保监会等多个部门、专家学者也阐述了金融供给侧结构性改革的内涵与推进的具体路径；2019年6月13日国务院副总理刘鹤在参加“第十一届陆家嘴论坛”时表示，我们正在加快推进金融供给侧结构性改革。那么金融供给侧结构性改革其核心内涵是什么，习近平总书记指明了金融供给侧结构性改革的内涵有以下五点，分别是改善金融供给、畅通供给渠道、优化金融结构、提高配置效率、降低融资成本。

（二）当前金融供给侧存在的主要问题和矛盾

金融供给与金融需求是金融领域里相辅相成的两个方面，有需求才有供给，二者缺一不可。当前我国金融供给侧存在金融传导不畅、金融机构发展不协调、金融融资结构失衡、信贷投向上不均衡这四大关键矛盾。

关于金融传导不畅问题，长期以来，我国经济的高速发展依赖货币的大量投放。自2008年12月末至2018年12月末，M2从47.52万亿元快速增长至182.67万亿元。2018年，M2与GDP的比值已经达到202.90%，其中2016年达到峰值为209.45%，这说明我国金融传导中存在三个问题：第一，货币投放带来的效益正在下降，宽货币并不能有效地传导宽信用；第二，过去的一段时间里，我国存在着货币空转的现象；第三，货币政策的传导中需要更多直接作用到实体经济的工具。

关于金融机构发展不平衡问题，我国长期以间接融资为主的金融体系中，银行业金融机构比重偏高，其他金融机构规模相对偏低，保险公司和证券公司总资产规模仅相当于银行业总资产的8%左右；银行业金融机构的数量也相对颇高，截至2018年底，银行业金融机构有4588家，证券业金融机构有131家，保险业金融机构有229家，信托业金融机构有68家，基金业金融机构有公募120家。

关于金融融资结构失衡问题，我国社会融资体系以间接融资为主，银行贷款一直占主导地位，直接融资比重相对较低，尤其是股权融资是金融发展短板。据相关统计分析，从总量上来看，2018年底我国间接融资占比为83%，直接融资为17%；从增量上来看，年新增社会融资规模中，贷款比重从2002年95.5%的高点逐步下滑，但2018年仍接近80%；间接融资占比仍然颇高。

关于信贷投放不均衡矛盾问题，一方面，大型企业尤其是国有企业、房地产企业、政府融资平台更容易获取信贷资金，煤炭、钢铁等基建产业需要大量的资金支持，占用了较多的信贷资金，而这些却是创新能力低下的产业。另一方面，中小微企业、新型企业等创新能力强的企业的融资难、融资贵问题依然存在。

总之，我国金融供给侧存在总量供给、传导渠道、供给结构和供给价格等问题，金融供给侧结构性改革是指打破既定的金融供给模式、内容等。金融供给侧结构性改革旨在调整优化金融体系结构，为实体经济提供更加高效的金融服务，其本质是补好金融体系短板，更好地满足快速变化的居民、企业和政府金融服务需求，优化资源配置的同时降低金融系统性风险。

二、现阶段为什么要进行金融供给侧结构性改革

刘鹤副总理在第十一届陆家嘴论坛上指出，“进入高质量发展阶段，金融

结构与金融能力要与之相适应。我们正在加快推进金融供给侧结构性改革，我们正在大力发展直接金融，同时调整现存的间接金融结构，从而提高金融体系整体的适应性、竞争性、普惠性。通过金融资源的合理高效配置，推动经济高质量发展”。一句话，金融供给端目前存在的问题是制约我国经济高质量发展的障碍之一，金融必须主动满足经济高质量发展适配的要求。

（一）从经济新常态到经济高质量发展的演变

2014年在中央经济工作会议上，习近平总书记详尽阐述了我国经济进入了新常态，我国经济新常态体现在增长上的主要特征就是结构性减速。这种因结构变化导致的经济增长速度由高速向中高速的下落，同时也伴随着中国经济的总体质量和效益迈向中高端水平（李扬，2015）。2017年中央经济工作会议提出，中国特色社会主义进入了新时代，我国经济发展也进入了新时代，基本特征就是我国经济已由高速增长阶段转向高质量发展阶段。在当前经济下行周期，为了实现我国经济高质量发展的目标，必须坚持以供给侧结构性改革为主线，巩固好“三去一降一补”的成果。在经济供给侧结构性改革的进程中，金融如何更好地服务实体经济这一命题显得更为突出。

（二）经济向高质量发展需要金融改革的支撑

习近平总书记曾强调，“金融活，经济活；金融稳，经济稳。经济兴，金融兴；经济强，金融强”。由此可见金融与经济共生共荣的依存关系。当前，我国经济进入高质量发展的关键时期，经济形态和金融需求也在新常态经济发展中产生了新的变化。

从企业端来看，产业结构发生了变化。过去几十年的发展中，我国经济发展的基本轨道是农业、种植业即第一产业的比重迅速下降；第二产业中的制造业比重迅速上升；第三产业中的服务业缓慢增长。这个变化，是工业化的典型过程。目前，我国的经济已经发生转型，制造业已基本饱和，于是我国经济向服务业转移，大力提高服务业比重，就是我们不可避免的选择。同时，我国经济发展中的人口红利不再是拉动经济增长的主要因素，经济增长模式已经从要素投入转变为创新投入，发展高科技企业也是我们不可避免的选择。然而我国目前的融资方式以间接融资为主，间接融资又通常是以贷款抵押的方式进行信贷投放，这种融资方式与服务业、高科技产业的融资需求不匹配。

从政府端来看，城镇化建设的不断加快在一定程度上快速推动了我国经济的发展。但是传统城镇化步调是由政府主导的固定资产投资特别是房地产投资引导的。城镇化建设带来的对钢筋、水泥等建筑材料的畸形需求，导致这些产业产能激增，最终过剩。同时，地方政府的债务问题也是当前政府发展中的重中之重。地方政府债务大都为筹集投资资金而形成，然而，大部分投资项目（以基础设施建设居多）都很难产生现金流。在这样的约束下，政府的融资格局也势必发生改变，如何盘活投资项目，改善政府当前的间接融资为主导的融资方式，都需要金融机构的大力参与。

从居民端来看，当前我国的人口结构已经发生了改变，人口老龄化的现象逐渐显现。相应地会带来储蓄率下降，社会上对固定收益产品的需求会大大提高，对金融产品的风险偏好下降，继而居民理财的需求会显著上升。

总之，我国的金融需求从企业、政府、居民三个角度均发生了大的变化，但是传统的金融供给不能适配这种新的经济形态的变化，我国金融发展中的问题甚至可以说已成为经济向高质量发展关键障碍之一，所以金融供给侧结构性改革势在必行。

三、票据服务实体是金融供给侧结构性改革的一个重要抓手

（一）票据融资已成为我国金融体系重要组成部分

商业汇票（本文指票据）是出票人签发的，委托付款人在见票时，或者在指定日期无条件支付确定金额给收款人或者持票人的票据。它具有支付结算、

信用、交易、投融资功能。票据融资是一项传统而又基础的融资方式，深受企业尤其是中小企业喜爱，属于我国金融供给端的一项重要内容。20世纪80年代初恢复办理商业汇票业务以来，我国票据市场经历了不同阶段的不断发展、基础建设不断完善、产品形态和业务模式不断创新。

上海票据交易所公布的数据显示，2018年累计签发商业汇票18.27万亿元，较2001年增长14.2倍。至2018年底，我国票据承兑未到期余额11.96万亿元，占全社会贷款余额的8.77%；票据贴现余额6.68万亿元，占全社会贷款余额的4.90%，我国金融机构承兑未到期余额加贴现余额之和占全社会贷款余额的13.68%，因此票据融资已成为我国融资市场的重要部分。

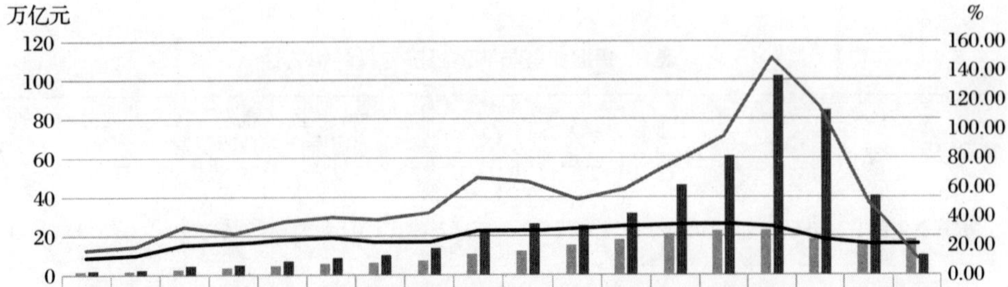

	2001	2002	2003	2004	2005	2006	2007	2008	2009	2010	2011	2012	2013	2014	2015	2016	2017	2018
承兑发生额(左轴)	1.28	1.61	2.77	3.4	4.45	5.43	5.87	7.1	10.3	12.2	15.1	17.9	20.3	22.1	22.4	18.1	17	18.27
贴现发生额(左轴)	1.83	2.31	4.44	4.5	6.75	8.49	10.1	13.5	23.2	26	25	31.6	45.7	60.7	102	84.5	40.3	9.94
—承兑发生额/GDP(右轴)	11.54	13.23	20.16	21.01	23.76	24.75	21.73	22.24	29.56	29.60	30.95	33.23	34.23	34.46	32.65	24.46	20.71	20.29
—贴现发生额/GDP(右轴)	16.50	18.98	32.31	27.81	36.04	38.70	37.39	42.29	66.57	63.09	51.24	58.67	77.07	94.65	148.69	114.17	49.10	11.04

注：2001—2017年采用央行货币政策报告中数据；2018年采用上海票据交易所数据。
数据来源：各年度货币政策执行报告、上海票据交易所官网。

图1 2001—2018年票据业务发生额与GDP占比

（二）票据服务实体经济发展的实证分析

无论是宏观、中观还是微观上看，票据融资对实体经济有积极的作用。为了更好地说明票据与实体经济之间的关系，本文选取2008—2017年的数据，采用实证的方法分析票据业务对实体经济增长的影响。

1. 样本选择与数据来源。检验票据与实体经济之间的关系选取2008—2017年的季度数据，票据（汇票）有商业承兑汇票与银行承兑汇票两种，但是由于商业承兑汇票的签发完全自主取决于企业本身，无法精准统计。故票据业务量的指标选择银行承兑汇票的承兑发生额、承兑余额、贴现发生额、贴现余额。实体经济的健康发展取决于多个因素，但票据多用于制造业、批发零售业，故实体经济发展变量选择6个：GDP、固定资产投资、制造业固定资产投资、批发零售固定资产投资、社会消费品零售总额 、进出口总额。

票据业务数据均来源于人民银行2008—2017年各个季度货币执行报告，实体经济变量数据均来源于国家统计年鉴。在差异性处理的过程中，规范数据分布，对解释变量和被解释变量均取对数处理。

表1　票据业务与实体经济变量的相关性

	GDP	工业增加值	批发零售业增加值	固定资产投资	制造业固定资产投资	批发零售业固定资产投资	社会消费品零售总额	进出口总额
承兑发生额	0.60***	0.60***	0.52***	0.67***	0.64***	0.64***	0.55***	0.59***
承兑余额	0.86***	0.87***	0.89***	0.81***	0.84***	0.85***	0.85***	0.73***
贴现发生额	0.80***	0.76***	0.74***	0.88***	0.86***	0.89***	0.76***	0.65***
贴现余额	0.64***	0.55***	0.63***	0.59***	0.57***	0.62***	0.67***	0.25
贴现发生额（2008—2016）	0.98***	0.91***	0.92***	0.86***	0.82**	0.89***	0.78**	0.61
贴现发生额（2016—2017）	0.30	0.19	0.24	0.57	0.59	0.73**	0.12	0.19
贴现余额（2008—2016）	0.79**	0.58	0.79**	0.58	0.54	0.64*	0.76**	0.09
贴现余额（2016—2017）	−0.45	−0.53	−0.45	−0.12	−0.08	0.10	−0.49	−0.49

注：***、**、*分别表示在0.01、0.05、0.1水平上显著。

2. 票据业务量与实体经济变量之间的相关性分析。主要结论：（1）银行承兑汇票仍然是商业汇票中的主力军，票据业务的各个指标均与实体经济变量之间成显著相关关系。并且银行承兑汇票余额与实体经济变量之间的相关性最强，贴现业务受到信贷规模的影响，与实体经济之间的关系较弱。（2）2016年以后的贴现发生额、贴现余额均由显著正相关变为非显著相关关系或负相关关系，可能是由于2016年票据市场的风险大案对银行承兑汇票业务带来的市场反应。（3）银行承兑汇票与批发零售业、制造业的相关性较高，票据是与企业日常经营活动相关的一种工具，对服务实体经济有明显作用。

（三）票据业务在服务实体中的显著特点

票据其源头是企业签发，一端连接着实体经济，另一端又通过货币市场连接着亿万资金，票据业务兼具传统与创新。票据业务与企业端联系紧密的主要是承兑、商票保贴、票据质押融资、票据贴现和票据池等。

票据、票据业务与银行传统融资产品比，具有独特特点和优势。票据具有支付结算、融资、投资等功能。在我国经济活动中，票据的应用已相当成熟，既可以在商业贸易中像现金一样可以用作付款，又可以用它来抵充企业间债务、进行业务结算，还可以基于承兑人的信用开立并流转增加债务人的信用，持票企业和银行可以通过贴现、转贴现、回购及再贴现融入资金，最后投资人可以向企业、银行或其他金融机构买入票据或票据衍生品作为短期投资。票据本身是源于贸易的，加之《中华人民共和国票据法》（以下简称《票据法》）赋予票据的背书法律效力，票据市场经过20多年的发展，已形成了一个成熟的交易环境，不仅企业间流转没有阻力，银行间交易市场也已经相当成熟，通过发展以真实商品交易为背景的票据业务，可以促进资金向实体经济特别是中小企业流通，增加企业活力，从而活跃商品市场交易。

（四）票据业务能很好解决金融供给侧存在的矛盾

大力发展票据业务是金融供给侧结构性改革的一个很好抓手，能解决当前金融供给侧存在的主要问题。

一是票据融资兼具资金和信贷属性。当企业签发票据并支付，对出票企业而言相当于它发行了货币，获得了资金；当票据贴现时，对贴现企业而言获得了资金，因此票据是同时具有直接融资和间接融资功能的特殊的金融工具。二是能有效解决从宽货币到宽信用的传导难题。票据尤其是商业承兑汇票一旦签发，就开始了信用流转的过程，无非是在其上下游和部分金融机构间范围内。票据的签发并能流转本身就是实体拿到了信用。三是能有效解决中小、民营企业的融资难、融资贵问题。票据融资手续简便，无论是承兑还是贴现，相较贷款或发债、上市融资手续简单便捷；银票叠加多个机构信用，其融资成本较其他融资渠道低。四是发展供应链金融的天然金融产品。其一票据本身就是基于贸易产生的，而供应链上的企业都是有特定贸易应收应付关系；其二电子票据大发展为应收应付信用关系高效流转提供条件，尤其是电子票据相较于纸质票据所特有的便利性和防伪性为发展信用流转奠定了基础；其三票据是由《票据法》保障的，法律确权具有天然性。

由此可见，票据融资可以有效弥补金融供给侧中的短板，如票据具备货币资金属性和再贴现功能可以解决货币传导不畅问题；票据深受中小企业喜爱和适合供应链产业特点，可以解决信贷投向不均衡问题；票据具备直接融资特点，可以解决融资结构失衡问题；票据业务门槛低、办理简便和融资成本低的特点可以解决降低融资成本问题；等等。因此，当前环境下，大力发展票据信用和票据融资是金融供给侧结构性改革的重要抓手，建议更高层面重视和一同推进。

四、进一步发挥票据服务实体经济的建议

（一）大力发展电子商业汇票业务，有效解决当前货币钝化难题

在过去的一个很长时期里，我国经济高速增长过度依靠金融投入，长期信贷和信用货币的巨额投放，导致严重的经济货币化。一方面，2012年以来，M2

占GDP比例由2007年的1.51倍快速上升到2017年底的2.02 倍，其中2016年底最高达到2.09倍，而美国则不到1倍，说明信用货币的投放效益呈边际递减效果，融资难、融资贵的问题没有因货币投放增加出现缓解的势头，有效社会融资需求尤其是中小微企业贷款增速下降，导致目前的宽货币难以转换为宽信用难题。另一方面，票据具有支付和信用的功能，在一定范围内可替代人民银行发行的人民币，且票据是由微观实体发起，门槛较低，企业一旦签发就能完成信用、资金、货物和服务的流转，大大优于银行间接融资对实体经济的作用；加上近年来电子票据的大发展，使票据产生和流转更加即时且高效，有效地在法律框架下解决企业的应收应付账款标准化问题。因此，各层面应拿出行之有效的措施，促使市场形成多用票据的理念，引导企业广泛运用电子商业汇票，盘活企业应收账款，加速生产贸易促成周转，才能从根本上解决当前货币钝化难题，真正降低实体经济融资成本，解决融资难问题。

（二）解除不适宜的法规与制度枷锁，扫除全市场票据交易障碍

改革开放40年，票据业务同我国经济一路蓬勃发展，对我国经济起到了不可低估的作用。票交所的成立翻开票据市场的新纪元，但票据业务的理论和基本法规制度建设非常滞后，有些法规和现代经济发展要求不相适应，其中票据的真实贸易背景问题、票据的信贷属性问题、票据是否为标准化产品等是目前市场最为关心和突出的问题。这些问题涉及企业票据签发和贴现交易的便利性、涉及银行贴现和转贴现交易的合规风险认定问题、涉及非银机构的投资渠道和标的选择问题，极大地阻碍了当前票据服务实体功能的进一步发挥，因此国家相关职能部门应协调一致，加快理论研究和制度修订，摘除与现代经济发展相悖的枷锁，为票据业务发展清除障碍。

（三）创造更加规范有效的用票环境，增强实体企业的用票意愿

2016 年票据风险大案频发，风险从票据经纪转嫁到商业银行，导致市场

上有一段时间听到票据就“紧张”，进而影响整个票据市场的发展。创造规范有效的市场环境，不仅有利于商业银行等金融机构开展票据业务，更有助于增强企业的开票意愿。票据以其支付、结算、低融资成本等多个优势被企业所青睐，票据是离不开企业的，只有企业大量用票，才能解决票据业务的源头问题。票交所的成立很大程度上解决了以前纸票时代的操作风险、合规风险等问题，伴随着纸电融合的完成，市场上绝大部分是电子汇票，极大地克服了纸票操作风险大的缺点，同时利用票交所大数据建立票据评估评级体系建设，全流程监管票据业务，形成金融机构、企业的黑名单制度，将缺乏监管的票据经纪纳入监管链条，进一步规范票据经纪市场，增强实体企业的用票意愿。

（四）加快推进更加活跃的二级市场，有效支持一级市场的实体经济

票据业务更好地为实体经济发展服务，需要建设更加活跃的二级市场。构建健康规范的二级市场需要符合实际的制度和规则，并被市场充分地认同和贯彻。当前银行同业业务创新迭出，金融衍生产品发展迅速，针对各类会员，票交所应进一步完善相应的管理规章和制度，规范会员的业务行为，保障会员的合法权益。同时，培育和发展更多市场参与主体迫在眉睫，类型更丰富的参与主体带来分层更加明显的风险偏好，使票据一级市场企业签发、承兑的限制进一步放宽，对于解决小微企业、民营企业、绿色企业等实体经济主体融资难、融资贵问题具有积极的推动作用。在票交所平台上，商业银行分行需尽快熟悉并进行适应票据业务的业务模式与交易方式，充分利用票据一二级市场进行联动，深入了解企业客户融资与支付需求，拓宽服务客户渠道，进一步解决实体企业的融资问题。

（五）有效运用票据再贴现工具，充分发挥票据业务的精准扶持功能

为贯彻落实国务院常务会议关于进一步改善小微企业、民营企业融资环境的精神，人民银行通过调整再贴现的利率及适用票据标准，将有效引导优惠资

金支持小微、民营和绿色企业等国民经济重点领域和相对薄弱环节。从《商业汇票承兑、贴现与再贴现暂行管理办法》第二十九条“再贴现与贴现、商业汇票三者之比不高于 1:2:4” 的要求来看，当前整体投放规模远低于根据贴现发生额测算的再贴现规模上限，为了能更好地发挥票据再贴现服务实体经济的作用，人民银行还需要提高再贴现整体投放规模，进一步降低再贴现业务单笔、总额限制，切实解决再贴现业务办理难点，在做好小微企业票据融资支持的同时，加大对民营企业和绿色企业的支持力度。

（六）加强理论研究，建设高素质人才队伍

票据业务的创新发展需要加强应用理论研究和人才队伍的培养。必须从实践和操作两方面进行前沿的、创新的理论研究和探索，在加大对金融科技的投入的基础上，研究信息技术与票据业务的融合，优化机构内部基础设施，从而创新票据业务产品。同时，重视市场参与者的研究分析作用，提高市场参与者在票据市场的创新发展研究方面的积极性。票据市场高质量发展离不开高素质专业人才队伍的建设，需要尽快培养一支全方位熟悉、了解票据市场体系的人员队伍，构建人才管理及准入标准，推行资格认证制度，为票据市场在更高层次的快速发展提供人才条件。要充分利用专业院校、智库以及行业培养人才，从而在根本上提升票据市场的专业化水平，为票据市场发展和创新打下坚实而良好的基础。

参考文献

[1] 秦书卷 . 金融严监管与票据业务经营转型方向思考 [J]. 金融与经济，2018, 491(7):69−73.

[2] 李扬，张晓晶 .“新常态”：经济发展的逻辑与前景 [J]. 经济研究，2015(5):6−21.

[3] 冉思伟 . 新常态下经济辩证发展观探析 [J]. 宁波广播电视大学学报，

2017(2).

[4] 吴福象 . 论供给侧结构性改革与中国经济转型——基于我国经济发展质量和效益现状与问题的思考 [J]. 人民论坛·学术前沿，2017(1)：46−55.

[5] 上海金融学会票据专业委员会，上海资信公司联合课题组 . 对建设票据信用评级体系的思考 [J]. 金融与经济，2016(8)：86−90.

[6] 周月秋 . 银行业推进金融供给侧改革思考 [J]. 中国金融，2019(9)：13−15.

[7] 周小全 . 深化金融供给侧改革路径 [J]. 中国金融，2019(9)：21−23.

票据融资研究

票据的真实贸易背景与融资性票据问题研究

秦书卷　彭歆怡[①]

［摘　要］ 本文通过勾勒相关制度的时间逻辑，阐述了《票据法》并不是真实贸易背景要求的源头文件，因此得出，在给付对价的基础上，如果将广义的远期偿还债务扩大到基础关系的范围内，《票据法》不构成融资性票据签发的法理障碍。在此前提下，本文通过回溯票据市场起步之初国内的经济形势，针对目前票据市场现状和票据中介情况，借鉴了国内外的票据发展经验，对贸易背景的取消进行了可行性研究，从而对融资性票据的实施路径给出了几点建议。

［关键词］ 真实贸易背景；融资性票据；票据制度

一、我国票据的真实贸易背景背后的制度逻辑

（一）背后的制度逻辑

票据的真实贸易背景要求主要是指票据的产生和企业间转让必须以真实的贸易交易为基础。商业银行票据业务的真实贸易背景要求现阶段主要表现在

① 作者简介：秦书卷，九江银行票据中心总经理；彭歆怡，江西财经大学金融学院票据经营与管理方向硕士研究生。

承兑和贴现环节，要求相关企业提供购销合同和增值税发票。笔者发现，商业银行开展承兑和贴现业务要审查贸易背景并不是《中华人民共和国票据法》（以下简称《票据法》）规定的，而是反映在职能部门的各项规定、制度和通知中，如《商业汇票承兑、贴现与再贴现管理暂行办法》中规定提供增值税发票、《支付结算办法》中提出审核购销合同等跟单资料。背后的制度演变或发展过程如下：

1.《银行结算办法》（1988年12月人民银行发布，1997年9月废止）。第十四条第二款规定“在银行开立帐户的法人之间根据购销合同进行商品交易，均可使用商业汇票。商业汇票在同城和异地均可使用”，第三款规定“签发商业汇票必须以合法的商品交易为基础，禁止签发无商品交易的汇票”。

该办法是1997年《支付结算办法》的前身，虽然在《支付结算办法》发布的时候已经废止，但它是我国最早提出商品交易背景的文件，通过它可以观察商业汇票为什么而生，为什么要以商品交易为基础，即“为了加速资金周转和商品流通，促进我国社会主义商品经济的健康发展”，这一要求与当时我国银行为企业提供结算的手段和产品极其缺乏有关。

2.《票据法》（1995年5月颁布，2004年8月修正）。《票据法》对票据基础关系的描述有以下几点。

第十条规定“票据的签发、取得和转让，应当遵循诚实信用的原则，具有真实的交易关系和债权债务关系。票据的取得，必须给付对价，即应当给付票据双方当事人认可的相对应的代价”；

第十一条规定“因税收、继承、赠与可以依法无偿取得票据的，不受给付对价的限制”，可以认为基础关系内涵大于上述《银行结算办法》范畴。

由此，票据的取得分为双方有对价的和没有对价的两种。那么什么是对价？对价（Consideration）原本是英美合同法中的重要概念，其内涵是一方为换取另一方做某事的承诺而向另一方支付的金钱代价或得到该种承诺的代价；指当事人一方在获得某种利益时，必须给付对方相应的代价；是一方被赋予的某种权利、利益、好处或利润，或是另一方承担的容忍、损害、损失或责任。一方面，交易关系没有明确的定义，此处根据上下文理解应是给付对价的行为，给付对价必然有一方产生金钱代价（票据转让），也就有了债权债务关系，因此我们理解《票据法》中的交易关系和债权债务关系在这里是同一事件的两方面，是统一的；另一方面，交易关系和债权债务关系是以对价为基础的，“偿还债务、口头承诺、提供劳务服务”等都属于经济活动中的对价，因此《票据法》中关于票据的签发、取得和转让并没有要求真实贸易关系，但排除了无基础关系的以融资为目的的票据（笔者定义为融资性票据）签发。当然，如果再广义地定义“远期偿还债务”也属于对价范畴，也属于基础关系的范畴，那么我们还可以大胆地说《票据法》不排斥以融资为目的的票据签发，即融资性票据也属于《票据法》的范畴。但目前没有相关权威法律解释，受其他职能部门的规定和制度逆向影响，业界常把票据的真实贸易背景要求归结于《票据法》的交易关系，笔者认为实在有些冤枉。

3.《中国人民银行关于印发〈商业汇票承兑、贴现与再贴现管理暂行办法〉的通知》（银发〔1997〕216号，1997年5月发布）。

第三条规定“承兑、贴现、转贴现、再贴现的商业汇票，应以真实、合法的商品交易为基础”；

第十八条第二款规定“与出票人或其前手之间具有真实的商品交易关系”；

第十九条规定“持票人申请贴现时，须提交贴现申请书，经其背书的未到期商业汇票，持票人与出票人或其前手之间的增值税发票和商品交易合同复印件”；

第二十八条规定“持票人申请再贴现时，须提交贴现申请人与出票人或其前手之间的增值税发票”；

第三十一条规定“承兑、贴现申请人有下列情形之一，承兑人和贴现人暂停对其办理商业汇票承兑和贴现”，其中第二款明确“未以商品交易为基础签发商业汇票的”；

第三十五条规定“对未以商品交易为基础的商业汇票办理承兑、贴现、再贴现，并造成信贷资金损失的，分别由中国人民银行上级行、有关商业银行上级行对有关责任人给予纪律处分，情节严重并构成犯罪的，由司法机关依法追究其刑事责任”。

由此，一是本文件是现存制度里最早提出票据要有商品交易背景的；二是商品交易背景不但对承兑和贴现提出，而且还对转贴现和再贴现提出审查要求；三是虽然该办法开篇说是根据《票据法》制定，但其有明显的降阶或偏向，是否跟当时的经济金融发展水平偏低票据解决商品交易结算有关，原因不得而知。

4.《票据管理实施办法》（1997年6月国务院批准，1997年8月中国人民银行令第2号发布，2011年国务院令第588号修订发布）。第十条规定“向银行申请办理票据贴现的商业汇票的持票人，必须具备下列条件：（一）在银行开立存款账户；（二）与出票人、前手之间具有真实的交易关系和债权债务关系”。该办法只根据《票据法》制定，内容上看就是《票据法》的解释条款，虽然发布晚于《中国人民银行关于印发〈商业汇票承兑、贴现与再贴现管理暂行办法〉的通知》的发布，但该办法对票据贴现的基础关系的要求与《票据法》一致，没有提出商品贸易背景要求。

5.《中国人民银行关于印发〈支付结算办法〉的通知》（银发〔1997〕393号，1997年9月发布）。

第二十二条基本援引《票据法》第十条和第十一条内容；

第七十四条规定“在银行开立存款账户的法人以及其他组织之间，必须具有真实的交易关系或债权债务关系，才能使用商业汇票”；

第八十三条规定“银行承兑汇票的出票人或持票人向银行提示承兑时，银行的信贷部门负责按照有关规定和审批程序，对出票人的资格、资信、购销合同和汇票记载的内容进行认真审查，必要时可由出票人提供担保”；

第九十二条规定“商业汇票的持票人向银行办理贴现必须具备下列条件：……（二）与出票人或者直接前手之间具有真实的商品交易关系；（三）提供与其直接前手之间的增值税发票和商品发运单据复印件”；

第九十三条规定“贴现、转贴现、再贴现时，应作成转让背书，并提供贴现申请人与其直接前手之间的增值税发票和商品发运单据复印件”。

该办法主要根据《票据法》和《票据管理实施办法》制定，其中在票据章节对银行汇票和商业汇票作了详尽的规定，对票据的承兑、背书、贴现、转贴现和再贴现都提出了商品交易背景的要求，在具体操作中提出需提供增值税发票、购销合同或商品发货单的要求。《支付结算办法》旨在解决企业商品贸易结算，详尽操作流程和规范是该办法的目的。

6.《中国人民银行关于切实加强商业汇票承兑贴现和再贴现业务管理的通知》（银发〔2001〕236号，2001年7月发布）。其中规定：“严禁承兑、贴现不具有贸易背景的商业汇票。商业汇票是交易性票据，必须具有真实贸易背景。企业签发、承兑商业汇票和商业银行承兑、贴现商业汇票，都必须依法、合规，严禁签发、承兑、贴现不具有贸易背景的商业汇票。各商业银行要进一步完善承兑授权制度和承兑授信业务管理。要在出票环节严格把关，切实加强承兑业务审查，办理承兑业务时，必须审查承兑申请人与票据收款人是否具有真实的贸易关系，对不具有贸易背景的商业汇票或不能确认具有贸易背景的商业汇票，不得办理承兑。各金融机构必须严格按照规定条件办理贴现业务。所办理的每笔票据贴现，必须要求贴现申请人提交增值税发票、贸易合同复印件等足以证明该票据具有真实贸易背景的书面材料，必要时，贴现银行要查验贴现申请人的增值税发票原件。对不具有贸易背景的商业汇票，不得办理贴现。”此通知提出的“真实贸易背景”说法被一直沿用至今，提出严禁承兑、贴现不具有贸易背景的商业汇票；对于票据贴现与再贴现环节，要求申请人提交增值税发票和贸易合同复印件。该通知跟当时出现的众多诈骗案件不无关系，此时提真实贸易背景合情合理。

7.《中国人民银行关于完善票据业务制度有关问题的通知》（银发〔2005〕235号，2005年9月发布）。其中规定：“关于商业汇票真实交易关系的审查。根据《中华人民共和国票据法》的规定，商业汇票的签发、取得和转让应具有真实的交易关系和债权债务关系。出票人（持票人）向银行申请办理承兑或贴现时，承兑行和贴现行应按照支付结算制度的相关规定，对商业汇票的真实交易关系和债权债务关系进行审核。银行承兑汇票的承兑行负责对出票人的资格、资信、交易合同和汇票记载的内容等进行审查。商业汇票的持票人向银行申请贴现时，贴现申请人应向银行提供交易合同原件、贴现申请人与其直接前手之间根据税收制度有关规定开具的增值税发票或普通发票。贴现银行向其他银行转贴现或向人民银行申请再贴现时，不再提供贴现申请人与其直接前手之间的交易合同、增值税发票或普通发票，但需对票据的要式性和文义性是否符合有关法律、法规和规章制度的规定承担审核责任。”该通知，一是办理转贴现和再贴现，无须再提供合同和发票，说明票据的交易和融资属性已得到发展和认同；二是根据描述逻辑试图把《支付结算办法》中的审查贸易背景要求和《票据法》中第十条真实交易关系等同起来，坐实交易关系和债权债务关系即为真实贸易关系，像是“强行法律释义”，可以看作是为支付结算派和法学派之间的矛盾定调。

8.《电子商业汇票业务管理办法》（中国人民银行令〔2009〕第2号，2009年10月发布）。第三十五条规定“电子银行承兑汇票的出票人应向承兑金融机构提交真实、有效、用以证实真实交易关系或债权债务关系的交易合同或其他证明材料，并在电子商业汇票上作相应记录，承兑金融机构应负责审核”；

第四十条规定“转让背书应当基于真实、合法的交易关系和债权债务关系，或以税收、继承、捐赠、股利分配等合法行为为基础”；

第四十六条规定“持票人申请贴现时，应向贴入人提供用以证明其与直接前手间真实交易关系或债权债务关系的合同、发票等其他材料，并在电子商业汇票上作相应记录，贴入人应负责审查”。

该办法基本还是遵循此阶段公认的真实贸易背景要求，但提法上较以前更宽松，“真实交易关系或债权债务关系”中的“或”字似乎是尝试把独立的债权债务关系也作为签发和贴现的及基础关系之一，但笔者认为意义不大。

9.《中国银监会办公厅关于票据业务风险提示的通知》（银监办发〔2015〕203号，2015年12月发布）。提出“要全面加强票据业务风险管理，不得办理无真实贸易背景的票据业务。对已办理票据承兑、贴现的发票、单据等凭证，经办行应在原件正面注明承兑（贴现）的银行名称、日期、金额等相关信息，防止虚假交易及发票重复使用”；《中国人民银行　中国银行业监督管理委员会关于加强票据业务监管　促进票据市场健康发展的通知》（银发〔2016〕126号，2016年4月发布）提出要“坚持贸易背景真实性要求，严禁资金空转”。正值大量风险事件披露时期，矛盾仍聚焦在真实贸易背景已不合时宜，此类监管文件未打要害，纸票交易和贸易背景要求作为可能是阻碍操作风险和道德风险出清的关键因素没有引起重视，或与监管目的相悖。

10.《中国人民银行关于规范和促进电子商业汇票业务发展的通知》（银发〔2016〕224号，2016年8月发布）。其中规定：“对资信良好的企业申请电票承兑的，金融机构可通过审查合同、发票等材料的影印件，企业电子签名的方式，对电票的真实交易关系和债权债务关系进行在线审核。对电子商务企业申请电票承兑的，金融机构可通过审查电子订单或电子发票的方式，对电票的真实交易关系和债权债务关系进行在线审核。企业申请电票贴现的，无须向金融机构提供合同、发票等资料。”该办法的出台具有历史支撑意义，一是引领市场走进电票时代；二是打破1997年以来企业贴现需向银行提供证明交易背景的资料的做法；三是引进非银机构，为票据二级市场构建打基础。

11.《票据交易管理办法》（中国人民银行公告〔2016〕第29号，2016年12月发布）。其中规定："第十七条　贴现人办理纸质票据贴现时，应当通过票据市场基础设施查询票据承兑信息，并在确认纸质票据必须记载事项与已登记承兑信息一致后，为贴现申请人办理贴现，贴现申请人无须提供合同、发票等资料；信息不存在或者纸质票据必须记载事项与已登记承兑信息不一致的，不得办理贴现。"进一步明确纸质票据贴现申请人也不必向贴现人提供合同发票等资料，至此票据贴现申请人向金融机构申请贴现时都不必提供合同和发票等资料，但反向未提及金融机构在办理贴现时不必审查真实贸易背景，可能是有无法突破的东西存在。

综上归纳，笔者关于票据的贸易背景要求这一问题有以下观点。一是存在法学市场派和支付结算派两个流派，《票据法》《票据管理实施办法》《中国人民银行关于规范和促进电子商业汇票业务发展的通知》和《票据交易管理办法》属于法学市场派，没有提及或弱化票据贸易背景要求；其他文件则可以看作是支付结算派，即票据的产生和流转就是解决商品交易结算，提出的思维就是基于商品结算，必须要有真实贸易背景。二是存在制度冲突现象，没有做到立新废旧，如除了《票据法》和《票据管理实施办法》，其他皆为人民银行或监管机构文件形式出现，就是在人民银行口径的系列文件中，新的相关电子票据、票据交易文件出台的同时，没有废止或修改老文件或是明确文件间的关系，造成市场主体和监管机构执行困惑。三是现存最早提出票据商品交易背景的是《中国人民银行关于印发〈商业汇票承兑、贴现与再贴现管理暂行办法〉的通知》《中国人民银行关于切实加强商业汇票承兑贴现和再贴现业务管理的通知》等，这些文件的出台符合当时经济金融需要，只是明确操作流程属操作规范，这表明奠定真实贸易背景要求的源头文件而非《票据法》。四是类似2005年的《中国人民银行关于完善票据业务制度有关问题的通知》等文件，其试图表述把《票据法》中的“交易关系和债权债务关系”解读为“真实贸易关系”，有些牵强，在我国有权对基本法作出解释的只有全国人大及其常委会（立法解释）、最高人民法院和最高人民检察院（司法解释）。

（二）产生的原因及历史贡献

《票据法》中关于票据基础关系的提出承继了此前《银行结算办法》（现已作废）中提出的规定“签发商业汇票必须以合法的商品交易为基础”，并且于1995年5月5日提出票据法草案报告，该报告出于防范“利用票据进行欺骗活动”的考虑，把第十条提出“合法的商品交易”的要求拓展到了“真实的交易关系和债权债务关系”，可以看出从“商品交易”到“交易关系”，原因关系的范围被扩大了，但未被放大关注；而后人民银行一系列的文件，都提出票据“商品交易”或“真实贸易背景”的要求，都是基于当时经济金融现状和票据的支付结算功能。

从1979年人民银行批准部分企业签发商业承兑汇票开始，由此宣告了我国现代票据市场的开端，随后在1981年开展了第一笔商业承兑汇票和银行承兑汇票业务。至1999年，票据市场累计贴现量接近2500亿元，比1995年增长77%，年均增长率15.34%；累计承兑量5076亿元，比1995年增长109%，年均增长率20.24%，票据承兑量远远大于贴现量。

那么彼时的经济现状是怎样的呢？在20世纪70年代，中国长期处于计划经济体制下，我国经济建设进入了新的发展时期，重工业商品贸易发展迅速，工业总产值每年保持在10%以上的增速，同时开始探索经济体制改革之路。而后，90年代初期，处于社会主义市场经济发展起步阶段，随着商品的扩大再生产和加速流通的进程加快，生产与销售不同步、商品销售和资金流转不同步的情况越来越多，企业投资计划安排不当和自筹资金未能如期落实，赊销和预售等交易方式开始盛行，采用应收账款和应付账款核算，这一落后的挂账信用形式滋生了“三角债”问题。仅1991—1992年，“三角债”的规模已经占据银行信贷总额的三分之一。1993—1995年，通货膨胀急剧发展，经济发展不稳，社会信用迅速膨胀。为缓解当时通货膨胀的经济形势，理顺多个企业之间交错的债务链，票据当时作为商品交易结算的重要工具，成为解决“三角债”的主要手段。

因此，职能部门提出商业汇票需以“商品交易”为基础符合当时情况，旨在明确商业银行商业汇票业务操作细节。这一规定在当时特定时期内维护了金融秩序的稳定，以票据信用取代商业信用，缓解了不可控的信用扩张，促进了以实体货物交易为核心的票据流通，规避了金融乱象和票据诈骗，进而促进了当时经济贸易的发展。同时，商业银行在承兑和贴现环节对发运单据、出入库单据和税务发票等资料的严格审核，要求企业按税收规定大量开出发票，保障了国家税收收入，促进了国家税收的大发展。

二、我国票据的真实贸易背景要求带来的现实问题

（一）票据被越来越多地运用到非贸易场景

经过四十年来的探索与发展，特别是在票交所成立之后，逐渐形成的统一的场内票据交易市场，已然成为金融市场的重要组成部分，票据的承兑量和贴现量都有了大幅增长。2018年全国累计承兑银票18.27万亿元，累计贴现商业汇票9.94万亿元，承兑发生额占GDP比重为20.19%，贴现发生额占GDP的比重为11.04%。2018年底票据承兑余额为9.4万亿元，贴现余额为5.8万亿元。票据承兑余额增长迅速，其中60%以上的银行承兑汇票都由中小型企业签发，由此可知中小微企业大量以票据作为支付价金的媒介。在表内融资方面，2018年票据融资保持稳步增长，与年初相比年底余额增加1.9万亿元。票据融资余额占各项贷款的比重为4.2%，同比上升1%。但实际的市场经营中，票据被越来越多地运用到非贸易场景，这与票据市场大发展互为促进关系。

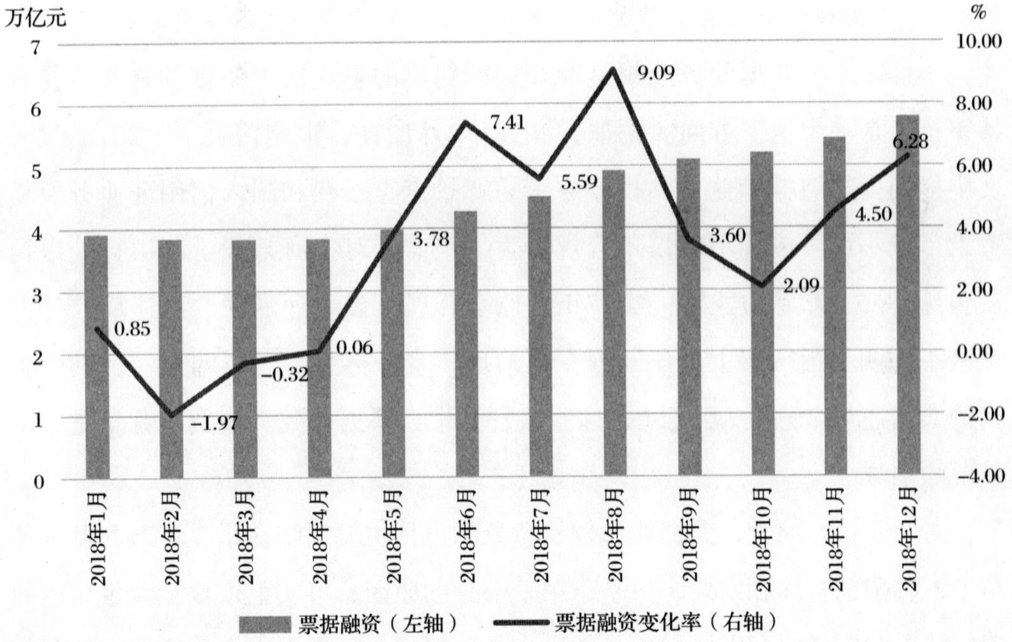

数据来源：中国人民银行。

图1 2018年票据融资存量及变化率

一方面，在实务中，票据纯粹的支付结算功能得到充分发挥，作为应收应付结算工具的票据逐渐在非贸易场景下被普遍使用，例如通过供应链上下游的结算链条，核心企业向上游企业通过票据背书偿还债务、支付预付款，支付工程款、服务供应、提供劳务、资金流转等。这些都是立足于非商品交易基础上的票据应用，也称为债权债务结算或者无形贸易结算。另一方面，票据作为企业信贷的主要基础产品，信用融资功能被深入挖掘，以关联户贴现为目的的融资性票据签发占比不断提高，这是因为票据因其特有的高流动性的优势，越来越多的企业通过开票并贴现来降低融资成本。

正常情况下，票据贴现利率加上银行承兑手续费，比一般贷款利率低2%~3%；同时承兑和贴现环节对企业而言业务简单，门槛低，企业从降低自身融资成本和业务体验上都宁愿包装贸易背景、“舍贷取票”，获取银行贴现资金。

（二）贴现环节真实贸易背景的要求，是早期中介产生的主要源头

一直以来，票据业务违规是商业银行罚单的重灾区，票据的真实贸易背景审核又是一个重要方面。例如，2018年2月12日，银监罚决字〔2018〕4号文中提到由于票据承兑、贴现业务贸易背景审查不严和国内信用证业务贸易背景审查不严等内控不审慎不合规行为，银监会对上海某股份制银行处以罚没合计5855.9万元的处罚；2017年银监会开展了轰轰烈烈的“三违反”“三套利”“四不当”“十乱象”等专项治理，合并称为“三三四十”，其中查实的票据违规金额近2万亿元，这些监管当中，票据业务真实贸易背景是一个重要的领域。

对商业银行而言，票据业务贸易背景的审核主要反映在承兑环节和贴现环节，审查购销合同和发票，但基于第一部分的原因，事实上市场上大量票据的流转缺乏购销合同和发票，于是就滋生了票据中介，票据中介构建票据贴现前的“真实贸易背景”使之符合商业银行监管要求。当然随着票据中介业务的发展，票据中介的盈利模式更加多元，很多票据中介不满足于中间角色，逐渐渗透到票据的信用风险和道德风险，因票据涉及数额巨大，一旦产生法律纠纷，承兑行、出票行有可能沦为涉案行，面临法律诉讼，引起银行声誉毁坏和票据市场震荡。

（三）给票据案件司法判定带来困惑

前文提及，关于票据的贸易背景要求问题，现有文件存在法学市场派和支付结算派两个流派，法学市场派没有提及或弱化票据贸易背景要求；相比之下，支付结算派提出票据的产生和流转就是解决商品交易结算，必须要有真实贸易背景。票据市场中两个流派并存造成了很多制度冲突的现象。一方面，职能部门在很多制度规范和实务中认为票据行为的原因关系实则是以票据为兑付价金手段、以商品交易为典型的有偿买卖关系。基于此，票据的全生命周期的流转中需以真实的货品交易为基础，如果缺失了真实的实体交易，票据行为被

认定为无效。但同时《票据法》又赋予了票据的无因性，认为票据权利的行使不受制于票据产生和流转的原因，出票人一旦签发票据就产生了相应的支付义务，从而引发了强调原因关系的有效与票据无因性的矛盾，它客观上不但成为一些承兑行拒绝付款的借口，也损伤了善意持票人的基本票据权利，引起了不必要的纠纷。

另一方面，两种流派衍生的相关文件并驾齐驱导致司法判决上的混乱，影响票据案件的性质判决。在无真实贸易背景票据案件的审理中，根据引用《票据法》和《合同法》的不同，导致不同地方同类型案件的判决结果不一。尽管《最高人民法院关于审理票据纠纷案件若干问题的规定》第十四条规定不能将《票据法》第十条作为抗辩条款予以适用，但部分基层法院仍然将《票据法》第十条第一款当作票据有效性的条款对已经背书转让票据的持票人进行抗辩。此时由于司法判决标准的不一致，若票据已经背书转让，则背书的直接前后手之间还能否以不存在实体的交易关系为由进行抗辩，票据债务人在面对主张票据权利的持票人时究竟是主张行为无效，还是可以拒绝履行票据义务？基础关系和合同关系的矛盾在司法实践方面还比较模糊，无法满足现实的需求，极大限制了票据的流通。

三、取消票据真实贸易背景的可行性研究

（一）取消的必要性

1. 国外票据并无真实贸易背景要求。一些西方发达国家利用票据进行融资已经发展到了高级阶段，英国、美国、日本、德国等发达国家的融资性票据业务和市场已然建立，真实贸易背景的理论已被抛弃，发达国家最主要的融资方式是凭借企业自身的信誉签发融资性票据进行票据融资，且融资性票据在市场中居于主导地位，占据70%~80%的比重。最为突出的就是美国的融资性商业票据市场，美国的商业票据（融资性商业本票）和银行承兑汇票（交易性票据）

这两种主要的融资工具和平共存于票据市场。

放眼欧洲，英国的《票据法》在第29条明确了“正当持有人”的定义，在第30条规定了“对价和善意的推定”。可见，英国《票据法》只有票据对价的相关规定，而没有要求以“真实的交易关系”作为票据签发的基础背景。与大陆相比，我国台湾“票据法”中同样没有条款提及真实贸易背景。由此可见，真实贸易背景对于票据市场而言并非必要条件，只是在我国当时的经济形势下为了防止票据诈骗，预防金融乱象而因时制宜提出的要求。随着票据实务及其司法实践的发展，尤其是在支付手段多样化、票据业务高度市场化的今天，在信用体系完善的前提下，我国的票据体系应当与国际接轨，引入商业本票作为筹措资金的重要手段。

2. 全市场目前已然存在较大比例融资性票据。据业界专家估计，当前市场上约60%的票据都为融资性票据。虽然我国《票据法》和职能部门相关文件或许成为融资性票据发展的法理障碍，但在实务中早已存在以融资为目的的票据签发，利用票据进行融资是企业的客观需求，目前60%以上的银行承兑汇票都由中小型企业签发，从提高效率、降低成本的方面考虑，中小企业更偏向于利用签发融资性票据来获取资金。主要存在伪造变造发票、签发票据业务量与实体经营情况明显不符、“一票多用”、反复使用同一号码增值税发票向多家银行办理承兑，并通过关联户进行贴现融资等情形。此类情形虽然在当前被认定为票据市场存在的乱象，但是也反映了企业对于高效低成本融资的迫切需求。

3. 可以有效去中介带来的各类风险。由于前文提及的票据中介在票据的全生命周期中的渗透，导致了票据市场风险事件频频发生，因此，一旦取消真实贸易背景的要求，放松对于签发融资性票据的限制，依托包装真实贸易背景而套利的非法票据中介将不复存在，从而大大减少大额风险票据事件的发生，2015—2016年大量票据要案爆发的惨烈场景也将难以重演，票据业务重回低风险业务的行列。融资性票据一旦合规，可以有效地避免巨额影子资金在金融体系外的循环流转，从而倒逼票据中介寻求新的转型之路，促进金融市场的稳定，为实体经济利用票据业务进行融资需求提供新的可能。

（二）实现路径

1. 组织相关学者和业界专家进行深入的可行性研究。近年真实贸易背景已经成为票据市场关注的焦点，票据业界专家和司法学者已经对真实贸易背景的硬性要求颇有微词，真实贸易背景的讨论和发展融资性票据的困惑被业界认为是阻碍票据市场发展的关键问题之一。现有票据市场对资金的迫切需求客观上存在签发融资性票据的必要性。票据发展的四十年来，随着票据产品的创新和融资功能的深入发掘，将票据从真实交易关系限定中脱离出来的讨论声不绝于耳，甚至日益成为市场的主流呼声，因此组织业界专家进行取消真实贸易背景的大讨论和研究应当提上日程。

2. 修改完善《票据法》相关内容。距2004年修订的《票据法》已有15年，在其修订之初参考的我国经济基本情况以及商业银行发展水平使立法过于狭隘、有失偏颇。在《票据法》实施过程中，对交易关系局限于真实贸易背景，将真实贸易背景当作不可逾越的门槛，反而限制了票据高流通性这一特点的充分发挥。笔者认为如果明确取消票据真实贸易背景甚至承认融资性票据地位之方向，应当对第十条加以准确性的描述，在把交易关系界定为给付对价的基础上，把广义的“远期偿还债务”这一对价定义纳入基础关系的范围，从而避免不确定的解读。如今我国票据市场的发展程度远超当年，票据功能也由汇兑、结算拓展到投融资功能，立法依据可以把票据的融资属性纳入其中。建议将《票据法》第十条第一款修改为：“票据的签发、取得及转让，应当根据诚实信用原则，符合《中华人民共和国票据法》所规定记载要求。票据债务人不得以票据基础原因关系所产生的缺陷或瑕疵为由对正当持票人进行抗辩。”既保留第十条真实交易关系的界定，同时允许合理的融资性票据存在并使其合法化。或者设专章由其他法律法规另行规定融资性票据发行条件和适用范围，或由人民银行《票据管理实施办法》加以明确。

3. 梳理修改职能部门的相关制度文件。在票据的一级市场的相关规定方面，目前人民银行发行的《电子商业汇票业务管理办法》将票据签发和贴现的条件改为“真实交易关系或债权债务关系”，试图将独立的债权债务关系作为可签发和贴现票据的基础关系之一，实则是对《票据法》界定限制的放宽，但是《中国人民银行关于印发〈支付结算办法〉的通知》同时明确提出商品交易背景的要求，该通知实际上提出了比《票据法》更严格的要求。因此不难发现，同一机构对票据真实贸易背景的规定尚且存在制度相矛盾的现象，不同职能部门之间更存在监管相悖的文件。因此，在确立融资性票据的合法化之后，人民银行与银保监会应根据修改后的《票据法》同时，修改或废止相关制度文件。

4. 开放对票据融资行为主体的限制。目前票据市场的参与主体为银行等金融机构的法人类参与者，非法人类参与者和中国人民银行《票据交易管理办法》规定的其他市场参与主体，券商、基金公司等非银机构可以自有资金参与票据二级市场交易。但是目前票据融资行为主体处于放而未开的尴尬境地，一是因为目前非银机构的监管部门仍然没有出台规范文件明确非银机构参与票据业务的合规性，二是由于票据业务专营性较强，很多非银机构由于缺乏相关实务操作经验而无法参与票据交易。目前银行承兑汇票占商业汇票的88%以上，银行仍然是票据市场运行的中坚力量。西方的票据市场运行中，公民个人、中小企业及其他经济组织均可以使用票据作为融资手段，各市场参与主体在承兑业务开展中不予考虑真实贸易背景。但在当前商票发展不完善的情况下，建立严格的市场准入制度，对发行企业的财务状况、信用状况、经营情况等标准进行严格审核后，才能授予发行融资性票据的资格，相关主体必须遵守诚实信用原则，不能虚开头寸，以银行为基础控制企业信贷总量，防范资金空转。

5. 推动票据中介向票据经纪转型。如果赋予融资性票据合法地位，票据中介以替企业包装伪造真实贸易背景为主要套利手段可以由此转型为正规经纪业务，通过代理所得的企业票据在二级市场寻找融资渠道而获取收益，由此可以大大减少风险案件的爆发。因此，应该对票据中介的专业性予以规范，一是职能部门应当制定票据中介服务机构的准入和退出机制。对票据中介发放牌照，作为正规的金融机构看待，将游走在灰色地带的票据中介一角暴露在阳光下。二是对票据中介机构制定专门的监管法规，弥补监管空白，将中介机构有效纳入监管体系中。三是对票据中介机构的从业人员进行培训，并进行登记，使票据中介机构的运营规范化、合规化。放开融资性票据的限制，是票据中介机构发展新的机遇，票据中介的发展又推动了整个票据市场的进步，相辅相成。

四、总结

随着经济的快速发展，票据已由支付结算功能为主的信用凭证演变为集结算、投融资功能于一体的交易工具，建立在真实贸易背景基础上的票据制度框架表现出与现有经济形势的滞后性，即过度强调票据基础关系的真实性，而忽视了票据的无因性，不适合实体经济融资的需要。支付结算派和法学市场派的出台文件态度的不一致实际上阻碍了票据市场的发展。取消票据真实贸易背景的可行性研究讨论亟待提上议程，《票据法》的修改和人民银行、银监部门相关规定的统一需要达成共识，在票交所新时代下，基于放弃真实贸易背景的考虑，票据中介寻求新的转型机遇，放开融资性票据的限制是必然趋势。

参考文献

[1] 肖小和 . 中国票据市场四十周年回顾与展望 [J]. 金融与经济，2018(11): 73–79.

[2] 王一轲 . 从金融法视角论“票据真实交易背景原则”的存废与变革 [D].

中国政法大学，2009.

[3] 孔繁强 . 票据无因性与我国票据市场发展 [D]. 中国人民银行金融研究所，2004.

[4] 李伟群 . 票据信用交易制度比较研究 [J]. 比较法研究，2005(3):59.

[5] 康军力 . 票据无因性原则研究与我国票据立法完善 [J]. 辽宁行政学院学报，2006(5):202-203.

[6] 薄岩 . 中国票据“真实贸易背景”原则与“无因性”原则两难抉择的剖析 [J]. 黑龙江金融，2005(9):46-47.

[7] 阙方平 . 中国票据市场制度变迁 [M]. 北京：中国金融出版社，2005.

[8] 赵慈拉 . 现阶段我国货币信用供给侧改革的思考——兼议融资性票据市场的创建 [J]. 上海金融，2017(8):11-16.

关于扩大票据应用、助力企业融资的研究

翟舒毅　周文婷[①]

[摘　要] 新时期，票据作为融资工具有融资成本低、融资便利、精准聚焦中小企业、易与金融科技结合等优势，有利于缓解企业面临的融资难、融资贵问题。在特殊的金融环境下，企业可以通过使用票据支付实现应收/应付账款票据化并获得额外收益。但是，由于票据贴现的信贷属性、票据的“非标准化”债权资产性质以及票据市场受政策影响较大等因素的存在，我国票据市场在发挥融资功能时仍受到制约。所以，在鼓励企业扩大票据应用的同时，亟待在宏观审慎评估（MPA）狭义信贷规模中为票据贴现单独创设信贷规模管理体系、推动票据标准化的良性发展，并建立横向联通开放、纵向拓展票据全生命周期基础设施建设的票据市场综合体系。

[关键词] 票据融资；票据市场；企业融资

① 作者简介：翟舒毅，经济学博士，经济师，现在中国邮政储蓄银行博士后科研工作站和中国人民大学博士后科研流动站从事博士后研究工作；周文婷，高级经济师，中国邮政储蓄银行金融同业部，票据交易员。

随着我国经济持续的良性发展，中小企业、民营企业不断发展壮大，融资问题成为企业发展中的关键问题，融资贵、融资难问题也随之而来。而票据作为一种保证一定金额的付款凭证在商业往来中发挥了重要的作用。票据既可以即期付款，也可以在规定的时间付款，付款人通常在票据上注明，这种优势为应付账款方提供了资金周转时间。同时，由于票据成本的优势、融资便利、精准聚焦中小企业等优势在缓解企业融资贵、融资难问题方面有着突出的作用，成为现代商业发展的“润滑剂”。随着我国票据市场的不断发展和完善，扩大票据应用可在助力企业融资方面发挥更重要作用。

一、企业通过票据融资的优势

（一）票据以成本优势缓解企业“融资贵”问题

将企业通过贷款融资的资金成本与企业通过票据融资的资金成本进行对比发现：票据贴现利率一般情况下低于贷款利率（见图1：2014年3月至2018年9

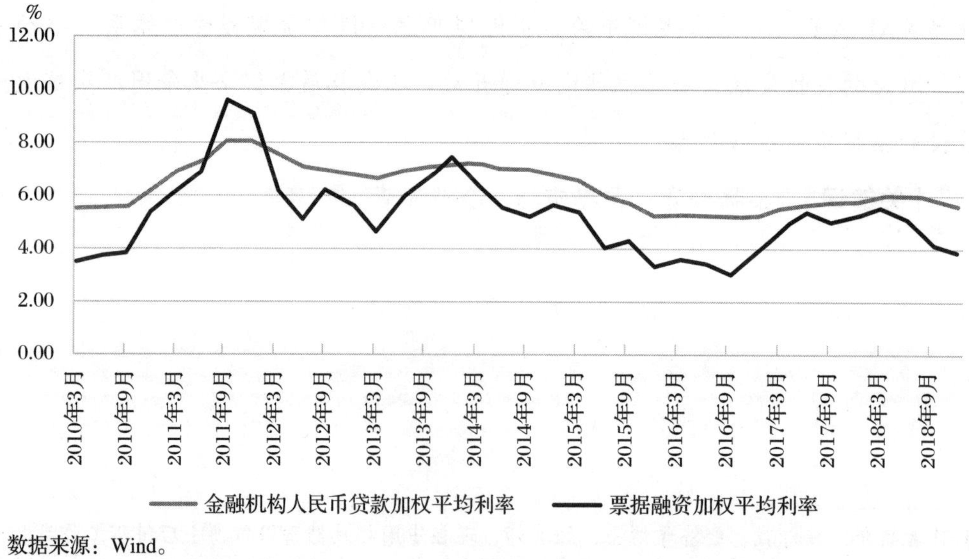

数据来源：Wind。

图1 2010—2018年贷款利率和票据融资利率的比较

月），即企业通过票据融资的资金成本一般低于贷款成本。

虽然在正常情况下票据融资利率低于贷款利率，但是由于票据利率与短期市场流动性紧密关联，所以时而会出现票据利率高于贷款利率的特殊现象。例如，图1中2011年第三季度、第四季度以及2013年第四季度，票据融资利率高于贷款利率，形成利率倒挂。发生这种现象的主要原因是2010年10月启动的加息，2011年人民银行6次提高存款准备金率、3次加息，而在这个加息通道中，货币政策偏紧。票据介于资金业务和信贷业务之间，资金业务和票据业务比信贷业务对市场利率的反应更加灵敏，于是引发了票据融资利率与贷款利率倒挂的现象。类似的现象在2013年“钱荒”后也出现过，同样是因为市场资金偏紧，资金价格波动较大。近年来，随着人民银行与市场的沟通顺畅，市场资金利率急涨急跌的现象逐步减少，利率传导渠道逐渐畅通，2014—2018年恢复到了贷款利率高于票据融资利率的正常水平。

从具体融资利率水平上看，金融市场流动性宽松时，贷款融资利率与票据融资利率间存在着较大利差。例如，以2019年1月我国珠三角地区、长三角地区、中西部地区和环渤海地区四大地区的票据直贴利率与贷款基准利率进行比较，利差范围在65个基点到83个基点之间。

表1　2019年1月票据直贴利率和贷款基准利率间的利差情况

	票据直贴利率（%）	贷款基准利率（%）	利差（基点）
珠三角地区	3.58	4.35	77
长三角地区	3.52	4.35	83
中西部地区	3.65	4.35	70
环渤海地区	3.70	4.35	65
算术平均值	3.61	4.35	74

注：表中数据为6个月期限的票据直贴利率和6个月期限的短期贷款基准利率。
数据来源：Wind。

上述关于票据与贷款之间的利差在计算中采用的是贷款基准利率指标，而实际的贷款利率却大部分高于贷款基准利率。例如，参照历史同期的数据，从2018年1月商业银行实际发放贷款利率浮动区间看，贷款利率低于基准利率的贷款仅占全部贷款的11.89%，而高于基准利率的贷款占全部贷款的67.80%。因此，票据利率与贷款利率的利差的算术平均值将大于74个基点。从融资成本的角度看，票据融资更有利于降低企业短期的融资成本。

表2　2018年1月金融机构贷款利率浮动区间

利率浮动区间	贷款占比
基准利率下浮合计	11.89%
基准利率	20.31%
基准利率上浮30%以内	36.12%
基准利率上浮30%~50%	12.32%
基准利率上浮50%~100%	12.11%
基准利率上浮100%以上	7.26%

数据来源：Wind。

将企业不同融资渠道的融资成本进行比较发现：间接融资方面，随着利率市场化的推进，虽然贷款市场报价利率（LPR）定价在宏观经济下行阶段呈现稳步下行的趋势，但基于利率市场化定价原则，考虑到当前经济形势下企业经营风险相对较高，银行不得不通过提高贷款利率以覆盖贷款的信用风险，形成风险溢价。例如，商业银行不良贷款率2018年底为1.83%，同比上升9个基点。[①]直接融资方面，对于具有发债资质的非上市企业，若是发债主体评级较低，则

① 数据参考银保监会公布的《2018年商业银行主要监管指标情况表》（法人）以及银监会公布的《2017年商业银行主要监管指标情况表》（法人）。

不得不通过提高企业信用债券收益率的方式获得市场投资者的认购。值得注意的是，发债融资本身是有一定门槛要求的，大部分中小企业不具备发债资格。通道业务融资方面，企业可以通过信托公司、证券公司和基金子公司等金融通道业务方式发行融资产品，融资成本要包含一定的通道费用，融资成本相对较高。此外，在金融监管趋严的环境下，企业通过信用债券融资和金融通道业务融资，不得不面对信用债券和金融产品投资者的认购意愿问题。所以，与上述几类融资方式的融资成本相比较，票据融资的成本具有比较优势。

（二）票据以融资便利、精准聚焦、易与金融科技结合等优势缓解企业“融资难”问题

传统上，票据融资模式具有权责关系清晰、审批手续便捷等特点，为企业短期融资提供了极大的便利。第一，票据融资权责关系清晰。票据以支付结算带动融资，本身是一种行之有效的支付方式，它可以帮助企业确认债权，较之应收账款有更确切的回收时限。且依照《中华人民共和国票据法》（以下简称《票据法》）《票据交易管理办法》等规定，票据较之应收账款权责关系更为清晰。第二，票据融资审批手续便捷。由于票据融资较之贷款在抵押物方面、风险评估和利息先行收取等方面的优势，商业银行为企业开具银行承兑汇票的时间远小于企业贷款的审批时间，手续也更为便捷。通常情况下，2个工作日内可以完成签发、承兑和贴现等环节。

新时期，票据融资模式具有流动性好、精准聚焦、与金融科技结合等特点，进一步为企业短期融资提供了更多便利。

第一，票据电子化程度较高，二级市场流动性较好。2016年12月成立的上海票据交易所，使票据交易进入了全国统一市场的电子化交易时代。纸票时期经常出现的“假票”现象随着电子化交易的发展逐渐成为历史。由于票据交易所报价交易、登记托管、清算结算功能齐全，成员众多，交易透明，票据二级市场流动性较强，票据利率更能体现货币市场利率水平，成为与债券回购、同

业拆借并列的货币市场重要组成部分。

第二，票据精准聚焦中小企业，单张平均面额呈现下降趋势。根据人民银行统计，小微企业平均在成立4年零4个月后第一次获得贷款。小微企业要熬过了平均3年的死亡期后，才会通过银行信贷的方式获得资金支持。票据在中小企业发展初期的支付结算和融资中发挥着重要作用。票交所成立后，承兑票据平均面额持续下降，近三年在单张100万元左右。票交所发布的《2019年上半年票据市场运行情况》显示，从企业规模看，出票人为中小微企业的票据占比达到67.29%。票据与人民银行支持中小微企业再贴现政策配合应用，能够在支持中小企业、支持实体经济上发挥精准聚焦的作用。

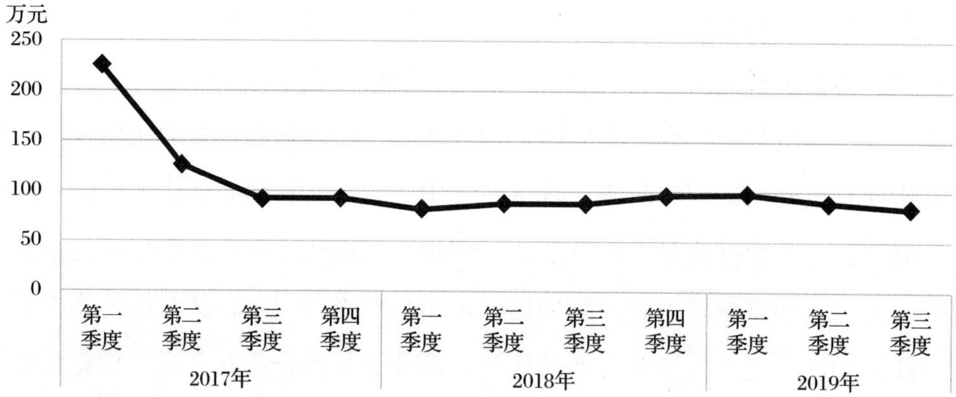

数据来源：上海票据交易所官网。

图2 2017—2019年各季度承兑平均面额

第三，票据依托金融科技，不断创新服务模式。基础设施方面，票交所创新推出“贴现通”“票付通”新产品助力企业支付融资便利；金融机构层面，多家银行推出网银和手机APP在线贴现服务，随时随地为企业提供及时到账的贴现融资业务，一改过去因为操作成本比较高造成的中小企业小票、短票融资难、融资贵问题。票据依托金融科技取得了一些崭露头角的成果，未来与金融科技结合解决企业“融资难”的空间更为广阔。

因此，从“融资难”角度看，企业在间接融资方面，尤其是民营企业和中小企业由于企业资质、抵押物、经营情况等问题，难以及时获得银行贷款进行生产经营活动。企业在直接融资方面，由于上市条件相对严格，非行业性或区域性龙头的企业，尤其是民营企业和中小企业难以通过在境内外上市进行股权融资。虽然通过债权融资的门槛相对于股权融资相对较低，但是伴随着经济环境的变化，大规模信用债券发生违约，其中民营企业的债券违约情况较严重，例如，2018年债券发行主体评级下调的名单中民营企业占60%。[①]所以，评级问题和市场声誉问题等原因导致民营企业和中小企业通过债权直接融资的难度逐渐加大，而手续简便、时效性较高、精准聚焦的票据融资，在很大程度上缓解了企业，尤其是民营企业和中小企业的“融资难”压力。

二、银行通过理财产品与票据融资组合“让利”企业

（一）“让利”的案例

2019年1月，银行理财产品利率高于票据直贴利率，企业可以通过银行理

表3　2019年1月票据直贴利率和银行理财产品利率间的利差情况

	银行理财产品利率（%）	票据直贴利率（%）	利差（基点）
大型商业银行	4.29	3.61	68
股份制商业银行	4.41	3.61	80
城市商业银行	4.52	3.61	91
农村商业银行	4.35	3.61	74
全市场	4.41	3.61	80

注：表中数据为6个月期限的银行理财产品利率和票据直贴利率。
数据来源：Wind。

① 翟舒毅. 信用风险缓释工具助力民营企业发债融资分析[J]. 新金融，2019(1):47-51.

财产品与票据贴现的组合交易，获取理财产品收益和贴现支出的利差。根据表3中的数据测算，企业通过购买理财产品（存款）与票据贴现（贷款）的组合操作，可获得68~91个基点之间的利差。

此外，商业银行可以将持有的已贴现票据向人民银行申请再贴现。由于人民银行的再贴现利率只有2.25%，以表3中票据直贴利率3.61%的标准计算，商业银行的再贴现行为可以获得136个基点的利润空间。

（二）“让利”的前提条件

形成这种银行通过理财产品与票据融资组合“让利”企业的现象需要具备三个前提条件：

第一，高度市场化的票据融资利率是“让利”的基础。当前我国的票据市场利率的市场化程度不断提高，成为货币市场利率体系中的重要组成部分。票据融资作为市场化的融资方式，受短期金融市场流动性波动的影响较大，这为银行通过理财产品与票据融资组合“让利”企业提供了基础。

第二，相对宽松的货币市场环境为“让利”提供外部环境。票据融资利率由于市场化程度较高，受金融市场资金利率影响较大。如果金融市场流动性趋紧，票据融资利率将会快速上升，甚至超过贷款利率，企业通过理财产品与票据融资组合的利差空间较小或者为负。相反，宽松的货币市场环境，企业通过票据融资成本更低，扩大了理财产品与票据融资组合的利差空间。

第三，具有能够覆盖票据融资利率的结构性存款、理财产品等金融产品为“让利”提供渠道。票据作为一种资金工具，融资利率的市场化程度较高，难以与完全市场化定价的产品间形成较大的价格差额。但是，每年年初，商业银行一般会加大揽储力度，通过结构化存款、银行理财产品等收益率高于市场化资金利率的金融产品吸引储户，为商业银行间接“让利”企业提供了可行性。

（三）“让利”的逻辑

从上述企业通过票据融资“获利”的现象来看，企业赚取的利差来自银行的理财产品收益与票据的贴现成本之差。表面上企业获得的收益部分即为银行的损失部分，即银行的高成本负债（理财产品）与低收益资产（票据贴现）之间的差额。但是在实际操作中，对于银行而言，可以从资产和负债两个角度展开具体分析。

从银行的资产端看，银行通过贴现企业持有的票据形成票据资产，并赚取了票据贴现利息收入。同时，银行为了满足自身资金需求等原因，可以将持有的已贴现票据向央行进行再贴现，即央行持有该票据，银行获得扣除央行再贴现利息后的资金。由于央行再贴现率作为重要的货币政策工具之一，发挥着“最后贷款人”的作用，所以央行再贴现利率低于商业银行对企业的票据贴现利率，银行可从对企业的票据贴现与对央行的票据再贴现间赚取了一定的利差。以表3的案例数据为例，银行可以在票据贴现与再贴现间获取交易金额的136个基点的利润。

从银行的负债端看，银行通过出售结构性存款、理财产品等金融产品吸收资金而形成负债，并付出付息成本。一般来说银行在年初的付息成本比较高，这是由于年初是我国银行业传统的“开门红”起点，大多数银行通过设立利息较高的存款类性质的理财产品吸储。换言之，理财产品是银行设计的金融产品，无论购买者是否同时开具商业汇票并贴现，都不影响银行通过结构性存款、理财产品等金融产品在年初开展的揽储计划。

所以，银行通过理财产品与票据融资组合“让利”企业的行为，对于银行而言，既可以在负债端为吸储提供资金源，又可以在资产端通过票据贴现、向央行再贴现的方式获得收益；对企业而言，既实现了应付账款的交易目的，又通过应付账款票据化获得了理财产品与票据贴现之间产生的利差；对于央行而言，既通过商业银行以再贴现的形式间接地支持了实体经济融资，又通过较低的再贴现率提升了商业银行票据贴现的积极性，提升了票据市场活力。

三、我国票据市场发挥融资功能时潜藏的问题

尽管通过票据融资对企业融资的益处较多，但是当前我国票据市场的发展中仍潜藏着较多的问题，限制了我国票据市场的充分发展。

（一）票据贴现的贷款属性对票据发展的约束

在我国当前货币政策和宏观审慎政策的双支柱金融调控框架下，宏观审慎监管中的宏观审慎评估体系（MPA）作为人民银行的信贷规模管理工具对金融机构的信贷行为有着较强的约束作用。由于票据贴现占用贴现银行的狭义信贷规模，所以票据贴现市场的波动受信贷市场波动的影响较为明显。

当宏观经济处在下行阶段，企业对贷款需求变弱时，商业银行的发放贷款增速会低于预期。因此，每当临近月末的时点，若银行当月发放的贷款额度小于人民银行下摆的信贷规模，则部分银行会通过加大票据贴现的配置，以填充信贷规模需求。由于银行出于填充规模需要配置票据意愿的显著增强，票据直贴市场的利率会相应走低，市场活跃度会明显提升。相反，当经济处于上行阶段，企业对贷款需求增强时，对于银行而言，贷款的收益高于票据贴现带来的收益，所以在既定的贷款规模约束下，贷款的信贷规模占用会对票据贴现的信贷规模占用产生明显的“挤出效应”。不利于扩大票据贴现规模，不利于鼓励企业通过票据进行融资。

同时，金融机构间的票据转贴现的利率和交易量会随着票据贴现量受信贷规模影响的变化而变化。票据转贴现的市场流动性变化将进一步会反馈至商业银行票据贴现动力，最终将影响企业通过票据融资行为。所以，票据贴现与贷款共同占用信贷规模的现实对票据市场的发展有着较强的约束作用。

（二）“非标准化”债权资产性质对票据发展的约束

当前，票据的经济功能与票据的市场地位极不匹配。票据具有支持中小企业融资、落实货币政策传导、协助流动性管理、投资交易获利等功能，但在金融机构资产配置格局中，票据配置权重较低，即使是票据的主要参与机构——商业银行，票据在其资金运作中占比也是5%以下，远低于20%左右的债券占比。导致功能与地位失衡的原因，除了票据一直受限于狭义信贷规模约束外，还有票据的“非标”属性。按“资管新规”要求，若票据不能纳入标准化债权资产，将面临投资者范围缩窄、期限错配要求提高等新的监管约束。从票据发挥支付结算、融资和交易功能的全链条看，资金的进入对提升票据二级市场活跃度，进而支持票据一级市场发展、降低企业融资利率发挥了积极的作用。相反，如果投资者减少、资金不能有效进入票据市场，票据交易量、贴现量和签发量都会萎缩，进而导致整个票据市场的动荡和萎缩，直接影响企业融资。

（三）票据市场受政策影响较大

从近年来的票据市场发展情况看，票据市场规模波动，受监管政策的影响较大。票据贴现计入银行的信贷规模，在一定程度上受信贷规模约束。而未贴现银行承兑汇票不计入信贷规模，只计入社会融资规模，所以可以更好地反映票据规模随着政策变化进行波动的大致情况。

2015年12月，银监会发布《关于票据业务风险提示的通知》（银监办发〔2015〕203号），2016年2月，当月新增未贴现银行承兑汇票规模为-3705亿元。2016年4月，人民银行与证监会联合发布《关于加强票据业务监管促进票据市场健康发展的通知》（银发〔2016〕126号），5月当月新增未贴现银行承兑汇票规模为-5067亿元。2017年初，人民银行将表外理财纳入宏观审慎评估体系中的广义信贷考核；银监会开展“三违反、三套利、四不当、十乱象”（“三三四十”）治理行动，对票据、理财、同业等业务进行摸底排查，新增未贴现银行承兑汇票规模从2017年1月的6130亿元下降至12月的676亿元。2018

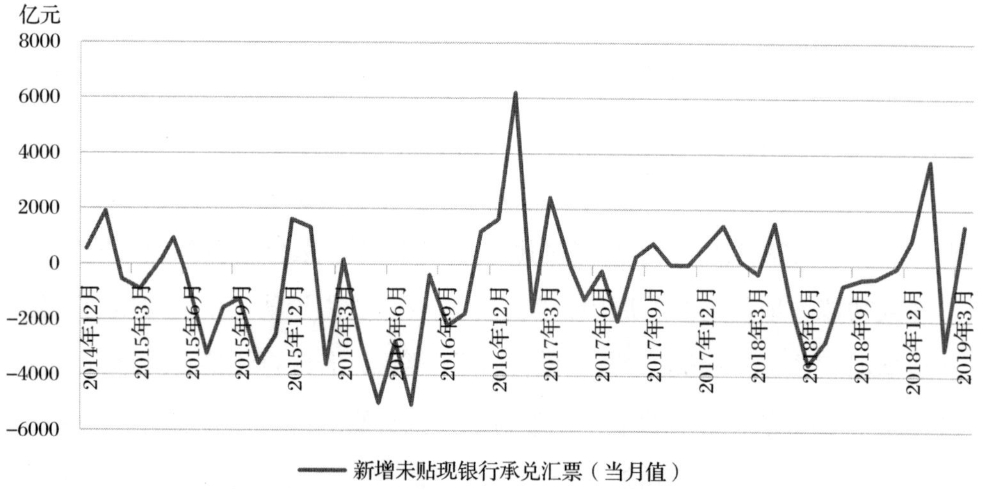

数据来源：Wind。

图3 新增未贴现银行承兑汇票规模变动趋势

年4月，四部委出台《关于规范金融机构资产管理业务的指导意见》，金融去杠杆力度增强，银行表外业务成为政治重点，6月新增未贴现银行承兑汇票规模从4月的1454亿元降至-3649亿元。2018年7月，中央政治局会议提出了“稳就业、稳金融、稳外贸、稳外资、稳投资、稳预期”（“六稳”）作为政策重心，各部委密集出台各项支持民营企业、小微企业融资政策。2019年1月的新增未贴现银行承兑汇票规模上升至3787亿元。

所以，从新增未贴现银行承兑汇票规模的波动情况看，我国票据市场波动情况受政策的影响较大。票据市场经常性的剧烈波动，不利于充分发挥票据市场的融资作用。然而，票据市场受政策影响波动较大的原因主要有两点：一是票据市场一直处于相对独立、相对封闭的单一市场原始状态。票据市场独立于银行间同业拆借市场和银行间债券市场，难以与其互联互通，在风险冲击时难以通过货币市场间的协同作用抵御风险。二是票据市场在全生命周期基础设施建设上还远远不足，还未打造成一个标准化的商业信用价值工具，在商业往来中的地位仍未坚固，受到风险冲击时，稳定票据市场的动力明显不足。

四、发展完善我国票据市场的建议

（一）积极鼓励企业扩大票据应用

由于票据融资具有融资成本低、抵押条件宽松、业务办理安全便捷等优势，使票据成为缓解企业融资难、融资贵问题的重要工具。同时，通过票据融资的方式支付应付账款，特殊金融环境下结合理财产品投资，可以使企业对比传统的现金支付而言获得额外的利息差收益，增加企业正常经营之外的收益。但是，由于经济环境相对欠发达区域的中小企业对票据融资的认识仍然有限，企业经营者仍然依靠传统的银行贷款、民间借贷融资，对应付账款进行现款支付，无形中增加了企业的经营成本。所以，金融监管当局和金融机构应该在继续完善基础设施的基础上，对票据工具进行充分宣传，积极鼓励企业合法合规地使用票据融资。第一，加强票据基础设施建设，解决票据信用流转等方面存在的问题。票交所2019年5月推出的“贴现通”产品在这方面树立了正面典范。将企业间的票据流转从单一、低频、低效的“点对点”方式向着多样、高频、高效的“网状”方式转变，是票交所和金融机构票据交易参与者进行产品宣传的产品创新的立足点。第二，普及票据产品宣传。就目前现状，金融机构面向企业的票据产品宣传还是缺少接触点。在渠道上，可以充分利用各种媒介和客户经理队伍。在方式上，可采用企业座谈、企业调研、财务人员金融培训等。第三，企业应当提高法律意识和金融认知，在合作之前严格约定货款支付方式，以及改变支付方式的违约责任，坚持票据流转的正规路径，不盲目与民间中介交易。

（二）单独创设票据贴现信贷规模管理体系

在金融统计上，已贴现的票据计入贷款规模，未贴现的票据计入社会融资规模，即已贴现的票据视为商业银行发出的贷款。然而，票据作为有价债券与贷款有着较大的区别。从交易性质上看，贷款是商业银行和企业之间的借贷关系，即商业银行通过评估等方式向有资金需求的企业提供贷款，交易主体是商业银行和企业。票据贴现是指持票人向商业银行进行贴现的行为，进行贴现的银行不一定是票据的承兑银行，持票人肯定不是票据出票人，所以票据出票人和承兑银行的类信贷关系，不能简单认定为票据贴现环节的借贷关系。在票据贴现环节中，贴现的银行和持票人的关系更应该被视为交易行为，即票据的买卖行为。

因此，建议金融监管机构在宏观审慎评估中，将票据贴现的信贷规模调控与传统信贷类资产的信贷规模调控相区分，单独创设票据贴现的信贷规模管理体系，将票据贴现指标从宏观审慎评估体系中的信贷规模中分离出来，放入广义信贷的考核中。降低票据贴现与贷款在既定信贷规模中的“此消彼长”效应，降低信贷市场波动对票据市场波动的影响。进而从根源上促使商业银行重视票据业务的发展，将票据从贷款的补充地位，提升至与贷款同等重要的地位，推动票据市场蓬勃发展，促进企业通过票据进行融资。

（三）推动票据标准化建设

从票据融资功能、票据交易形式等角度看，现在我国的票据产品更趋向于标准化的短期债务融资工具。[①]2019年5月24日，由于包商银行出现了严重的信用风险，该行被人民银行和银保监会接管。“包商银行事件”使中小金融机构的信用风险凸显，在金融市场中的融资难度加大，被附加了信用风险溢价的融资成本高企，面临着较大的流动性压力。基于这种背景，为了加大对中小金融机构的流动性支持，2019年8月15日，票交所发布《关于申报创设2019年第1期标准化票据的公告》，正式创设了标准化票据，票据资产从“非标准化”向标准化转变向前一步。

① 宋汉光. 票据市场发展步入新时代[J]. 金融电子化，2017(12)：31-32.

标准化票据实现了两项重要突破：一是标准化票据具有等分化、可交易的特征，弥补了普通票据由于无法等分化而被监管机构认定为“非标准化”产品的弊端，间接实现了普通票据的标准化。二是该标准化票据可以在票交所和银行间市场两个交易市场流通，使标准化票据成为打通债券市场与票据市场的“桥梁”，为票据市场和银行间市场保留了二者联动的可能。由于当前创设的标准化票据都是以银行承兑汇票作为底层资产的，而当前以商业承兑汇票作为底层资产的工具尚未推出。所以，未来在票据标准化的改革中，大力推动以企业承兑票据作为底层资产的融资工具，则更能展现出金融机构对实体经济纾困的支持作用。

（四）营造票据市场稳定发展综合体系

由于票据业务的市场化属性，票据市场受政策影响较大，尤其是在货币政策调控、金融监管政策约束出现较大变化时尤其明显。为了降低政策变动对票据市场的过度冲击，应从横向和纵向共同营造一种综合体系，拓展票据的应用场景，扩大票据市场的开放性，加强票据市场抗风险性，促进票据市场稳健发展。

在综合体系的横向建设方面，基于票据市场一直处于相对封闭的状态，票据市场与银行间同业拆借市场和银行间债券市场长期割裂，尚不能更好地发挥资金融通的规模效应。若能横向拓展票交所的功能定位，实现票据市场与其他货币市场子市场的互联互通，增强票据市场的抗风险能力，强化票据市场的稳定性，必将有利于促进中小企业的融资便利。同时，如果将福费廷、供应链金融等场外类票据交易纳入票交所的场内交易，将更加丰富票据市场的综合功能。如果将商业汇票、标准化票据纳入人民银行公开市场操作的担保品范围，将会在有利于疏通货币政策传导渠道的同时，更有利于促使资金从银行间流向实体经济。

在综合体系的纵向建设方面，纵向拓展票据全生命周期基础设施建设。以电商化采购为突破口拓展票据应用场景，以供应链核心企业、电商平台、票据互认联盟为关键节点，在一定程度上实现应收账款票据化。建议以票交所2019年1月推出的“票付通”产品为基础，借鉴票交所统一票据交易市场的经验，吸收上述各大平台型企业为会员，构建一个大型、统一的“票付通平台”，让票据成为这个平台上线上化的、场内的商业信用价值工具。具体模式可以概述为：“票付通平台”与各大电商采购平台直连，企业买卖双方通过电商采购平台在线上达成交易后，买方通过嵌入电商采购平台的票据支付控键选择使用票据支付，跳转至“票付通平台”一站式完成票据签发和背书流转。由于该模式下的票据的签发和流转没有直接从银行网银发起，需要票交所借鉴网联清算有限公司的模式，处理非银行支付机构发起的涉及银行账户的网络支付业务，实现非银行支付机构及商业银行一点接入，提供公共、安全、高效、经济的交易信息转接和资金清算服务。

通过综合体系的建设，在稳定发展票据市场的同时，进一步完善我国短期债务融资工具价格形成机制，为企业融资提供服务，支持实体经济发展。

参考文献

[1] 宋汉光．票据市场发展步入新时代 [J]. 金融电子化，2017(12):31–32.

[2] 翟舒毅．信用风险缓释工具助力民营企业发债融资分析 [J]. 新金融，2019(1):47–51.

金融科技与中小企业票据融资研究

顾　研　周强龙[①]

［摘　要］发展中小企业票据融资是解决我国中小企业融资难、融资贵问题的重要途径之一，也是落实金融服务实体经济的重要抓手。由于当前我国票据市场融资功能发挥不足、中小企业准入门槛过高、征信体系效率低下等原因，中小企业票据融资需求难以满足，金融科技则是改善这一现状的重要手段，具体包括利用大数据风控建立企业画像、完善信用评价建设，利用区块链技术降低供应链风险，以及建立以监管科技为基础的票据市场风险监管体系。此外，进一步完善以票交所为核心的票据交易底层制度设计和基础设施建设也是充分发挥中小企业票据融资功能的重要保障。

［关键词］金融科技；中小企业；票据融资；普惠金融；风险监管

一、引言

近年来，大数据、云计算、人工智能、区块链等技术在金融领域的应用逐

① 作者简介：顾研，供职于复旦大学泛海国际金融学院；周强龙，供职于中国金融期货交易所研发部。

渐兴起，科技与金融的深入结合催生了金融科技（FinTech）——这一当前全球最为火热的概念。按照金融稳定理事会（FSB）给出的定义，金融科技是指通过技术手段带来的金融创新，其创造的新业务模式、技术应用以及流程和产品能够对金融市场、机构或金融服务的提供方式产生重大影响。2015年以来毕马威（KPMG）每年会发布两份《金融科技行业脉动报告》，其2018年度最新报告显示，仅2018年上半年美国区块链投资规模已经超过了2017年全年的投资总额。

随着相关理论与应用研究的不断深入，金融科技也开始在更多的实际场景落地。仍以区块链为例，2019年6月18日著名社交网络平台公司Facebook宣布将推出基于区块链技术的数字货币Libra，人民银行已经宣布即将推出自己的数字货币DCEP。区块链电子病历已在上海第一人民医院、安徽省立医院等上线，在保护患者隐私的基础上提高病例管理效率和透明度。此外，基于区块链技术的酒类和食品溯源、法律认证等也已先后落地。

2018年1月25日票交所正式上线并试运行数字票据交易平台，利用该平台顺利完成了中国工商银行、中国银行、浦发银行等基于区块链技术的数字票据签发、承兑、贴现和转贴现等业务。作为金融基础设施中应用金融科技最早的一批，金融科技对于提升我国票据市场票据发行和交易效率具有重要作用。事实上，2016年票交所成立以来，我国票据市场发展愈加规范，市场规模稳步提高，标的标准化、电子化和交易主体多元化程度明显提升（汤莹玮，2018）。但与欧美成熟市场相比，我国票据市场还有不少差距，票据支持企业融资尤其中小企业融资能力不足是突出问题之一（汪办兴，2019）。这其中固然与中小企业面临不确定性大、经营风险高有关，但现有票据市场制度设计未充分考虑中小企业服务需求也是不争的事实。

党的十九大报告指出，要深化金融体制改革，增强金融服务实体经济能力，提高直接融资比重，促进多层次资本市场健康发展。金融科技能有效提升金融服务效率，显著增强金融服务长尾客户能力。票据市场作为货币市场重要组成部分，如何运用金融科技进一步提升中小企业票据融资能力，这对全面提高票据市场运行效率，充分发挥票据市场服务实体经济能力具有重要意义。

二、中小企业票据融资需求和难点分析

对于现代企业而言，通过债务、股权等外源融资方式扩张经营是公司快速发展的关键。由于成立年限、规模、业绩等门槛，中小企业基本不可能上市发行股票融资。而鉴于小公司资产抵押能力弱，商业银行在信息不对称情形下会选择低利率贷给资产抵押能力强的大公司，而不会提高利率贷给中小企业，即产生所谓信贷配给现象（Stiglitz和Weiss，1981）。同时，在仍以国有银行占主导的我国银行体系中，民营中小企业也相对更难获得贷款（叶康涛和祝继高，2009）。这些问题导致当前我国中小企业普遍面临着融资难、融资贵的困境。

在此背景下，票据融资就成为拓展中小企业融资渠道的一种重要方式。一方面，与银行贷款相比，票据融资由于期限更短，使其具有更高的流动性和更低的成本，2019年第三季度我国票据贴现加权平均利率仅为3.25%。另一方面，票据融资更可能发生在有供应链关系的上下游企业之间，这意味着票据融资的交易对手往往彼此熟悉，相对风险也会更低。此外，企业在生产经营中货品或服务与款项的交付很可能不会同步，因此基于应收账款开展票据融资也是客观真实的需求，这对缺少其他融资渠道的中小企业而言可能至关重要。2018年末票据融资余额为5.78 万亿元，中小企业申请的贴现业务量占到三分之一，票据业务已经成为中小企业获得金融支持的重要渠道。

近年来，我国票据市场有了长足的发展和进步，票据市场规模稳步提升，2018年全年商业汇票承兑发生额18.27万亿元，较上年增长24.84%，年末承兑余额11.96万亿元，较上年末增长22.25%（上海票据交易所，2019）。票据电子化程度明显提高，2018年电票承兑占比94.09%，电票贴现占比97.86%，电票交易占比97.3%（宋汉光，2019）。票据市场参与主体更加丰富，票据作为货币市

场工具的功能进一步加强。但在支持中小企业票据融资方面，仍有比较明显的不足之处。主要体现在三个方面。

其一，票据融资功能未能充分发挥。根据现行《中华人民共和国票据法》（以下简称《票据法》）的规定，我国票据的签发、取得和转让须具有真实的交易关系和债权债务关系，这一真实票据原则对于早期我国票据市场的规范发展起到重要作用。但在票据融资已经成为我国企业重要融资途径的当下，真实票据原则制约了票据融资功能的进一步发挥，增加了企业短期融资成本，不利于票据市场的深化发展。

其二，中小企业票据融资门槛受限。商业承兑汇票和银行承兑汇票是中小企业开展票据融资的两种方式。目前我国票据市场后者占主导地位，但商业银行对企业开立银行承兑汇票有一定审核流程，而中小企业因资产规模小、现金流不稳定、担保和抵押机制不健全等原因往往难以获得开立资格。商业承兑汇票虽基于企业自身付款承诺开立，但由于市场对违约企业惩戒不足，信息不对称带来的逆向选择效应导致商业承兑汇票难以获得市场认可（李雪玉，2019）。

其三，企业信用评价体系有待完善。信用评级是企业申请银行贷款、发行债券等债权类融资的重要依据。目前，我国企业信用评级主要是针对上市公司和大型公司的债券评级，为中小企业做信用评级的机构虽也有不少，但普遍缺乏市场公信力，尤其是银行对其认可度不高。近年来，我国公司债违约风险显著上升，中小企业由于难以获得有效的信用评级，很大程度上制约了其票据融资业务的开展。

三、金融科技与中小企业票据融资应用场景

历史经验表明，金融业对科技创新的包容与接纳程度一直很高，金融业自身也保持很高的技术创新水平。20世纪六七十年代以来，全球范围内涌现了一

股金融创新浪潮，诞生了ATM和Excel两个重要的金融工具创新。前者便捷了银行前台柜员业务的开展，后者使“普通”金融从业人员能轻松进行数据分析（Arner等，2015）。与这些金融创新工具相比，金融科技不仅提高了金融服务效率，更重要的是拓展了金融服务的边界，推动普惠金融在全球范围的兴起（尹优平，2017）。

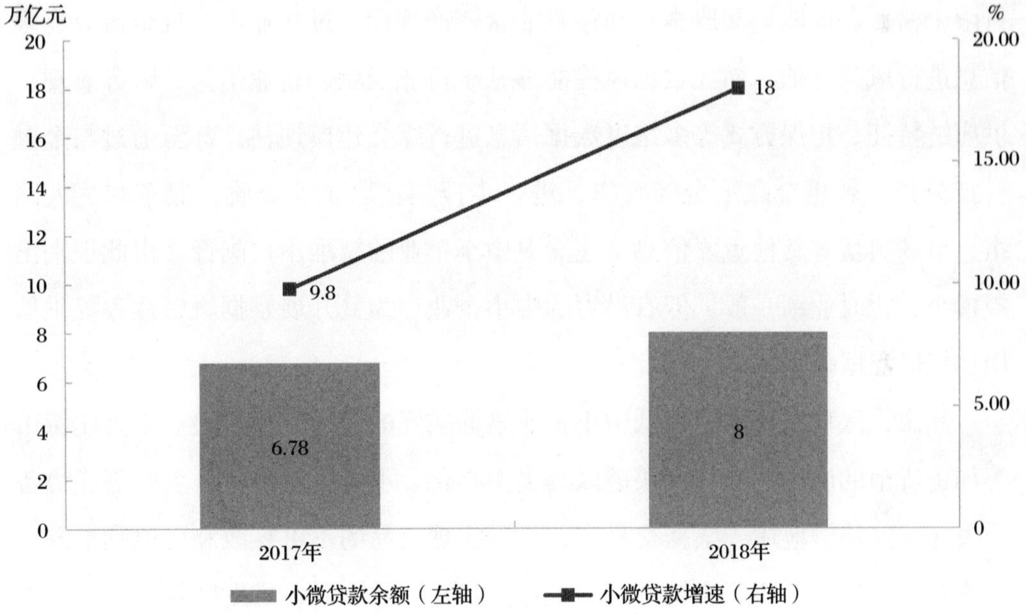

数据来源：中国人民银行网站。

图1 2017—2018年中国人民银行普惠口径小微贷款余额及增速

2013年11月12日，中共十八届三中全会通过的《中共中央关于全面深化改革若干重大问题的决定》提出，“发展普惠金融，鼓励金融创新，丰富金融市场层次和产品”。近年来，我国普惠金融发展势头良好，中国银行业小微贷款余额数据显示，我国银行业小微贷款连续四年稳步增长。人民银行普惠口径统计显示，2018年人民银行普惠口径小微贷款余额达到8万亿元，增速为18%。但银行从事普惠金融业务仍面临商业可持续性不理想的现实困境，毕竟与获得的收入相比，其运营中的客户平均成本过高。而通过金融科技改造IT基础设施，可以显著提高服务效率，降低运营成本。

票据融资是提升中小企业融资能力的一种重要途径。但是，在当前仍以银票为主的票据市场，信息不对称下的逆向选择效应导致中小企业票据融资业务很难开展，对此金融科技大有用武之地。

首先，大数据风控技术能为中小企业提供更全面的信用特征刻画。传统银行限于信息获取能力和成本，往往只能从资产规模、过往业绩、现金流等有限信息进行风险评估。而大数据风控能够基于行业现状、企业信息、财务表现、供应链特征、担保方式等多维度数据信息进行综合建模评估，甚至通过与金融科技公司、普惠金融平台等合作，进一步搜集获取企业资质、股东和法人网络、市场舆情等其他重要信息，建立对中小企业的精准用户画像。由此识别出规模小、暂时业绩一般，但有潜力的中小企业，为其开展票据融资业务提供信用和担保依据。

其次，区块链技术能降低中小企业票据融资的违约追溯风险。作为比特币等加密货币的底层技术，区块链因其去中心化、不可篡改以及匿名性等优势备受关注。区块链应用于票据交易中，可以实现交易的不可篡改和可追溯本源，从而极大地压缩了违法违规交易的生存空间。与此同时，借助区块链上的智能合约功能，可以对票据交易的用途、方向、约束条件等重要信息进行事前约束，甚至达到所谓“交易即结算”的结果。

最后，金融科技能推动中小企业票据工具和模式创新。与成熟市场相比，我国票据市场起步较晚，市场结构、交易规模、主体行为都有待进一步发展和完善。通过机器学习、人工智能等技术可以对交易主体行为进行有效预测，结合A/B Test等分析方法及时发掘潜在的有融资需求且风险匹配的中小企业。同时，借助大数据建模技术推动票据市场开展工具和业务创新，探索ABS、期货、期权等票据衍生品的建模分析，丰富中小企业票据融资的工具种类，推动票据市场活跃度提升，进一步改善中小企业的票据融资效率。

四、金融科技与中小企业票据融资风险监管

近年来，受到国内外政治经济因素影响，我国金融市场风险明显加大。公司债违约频发，仅2019年上半年，我国债券市场新增25家违约发行人，涉及到期违约债券59期，到期违约金额合计约303.39亿元。P2P暴雷事件不断，2019年暴雷的平台已超过150家。此外，宏观经济增速下行的同时，CPI上涨风险也初步显现。因此，风险预警和风险处置仍是当前金融市场监管的重点问题之一。

中小企业作为风险相对偏高的主体，客观来说其开展票据融资本身会面临更高的风险，尤其是经过2016年的票据风险案件频发，保证票据市场的健康平稳运行是当前监管工作重点之一。金融科技推动中小企业票据融资的核心也在于其提高了对中小企业的风险识别和定价能力，以及降低了票据融资中的一些流程和操作风险。事实上，从监管视角来看，金融科技对中小企业开展票据融资业务，甚至整个票据市场的风险监管也有积极作用。

首先，大数据和人工智能技术能提高对票据市场系统性风险的预警和处置能力。推动中小企业开展票据融资客观上提高了市场风险，如何预防和化解风险显得尤为重要。2008年国际金融危机的前车之鉴表明，金融市场中风险是在网络中传播的，防范和化解重大风险的关键在于防止关键节点被感染风险。传统金融理论和分析工具只关注局部风险和线性传染，借助大数据和人工智能技术尤其是复杂网络分析方法，能够更好地识别票据市场中的关键风险点和传播途径，从而便于监管上做好风险预警监测和提前化解与处置。

其次，区块链能降低中小企业票据融资的供应链风险，实现票据交易的穿透式监管。票据融资往往依托供应链关系展开，一旦下游企业出现违约，其很可能沿着供应链向上游层层传递，不断放大风险。应用区块链技术除了降低单笔交易发生违约的风险，更重要的是监管层能够获得票据融资与交易链条上的全部信息，从而对可能发生的供应链风险信息提前掌握，进而实现对票据交易的穿透式监管。

最后，监管科技能提高票据市场的监管效率，降低中小企业的合规成本。近年来，随着金融风险事件频繁出现，金融监管的强度不断提高。这带来了两个方面结果：一是政府对金融监管的投入明显增加，二是企业面临的合规成本明显增加（傅强，2018）。中小企业由于相对高风险属性，其开展票据融资自然也会带来监管成本与合规成本的上升。应用监管科技应是解决相关问题的重要方向。具体思路上则以建立数据驱动的票据监管模式为核心，构筑起分布

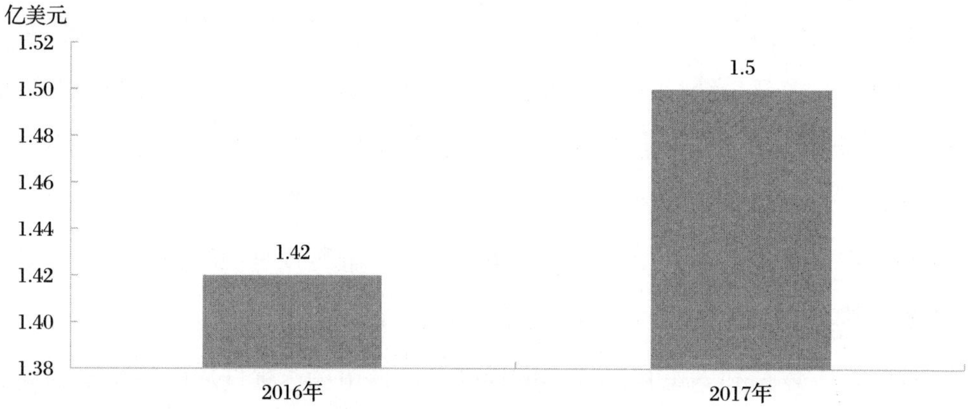

数据来源：汤森路透2017《了解你的客户（KYC）合规调查报告》。

图2 2016—2017年全球大型金融机构KYC合规平均支出

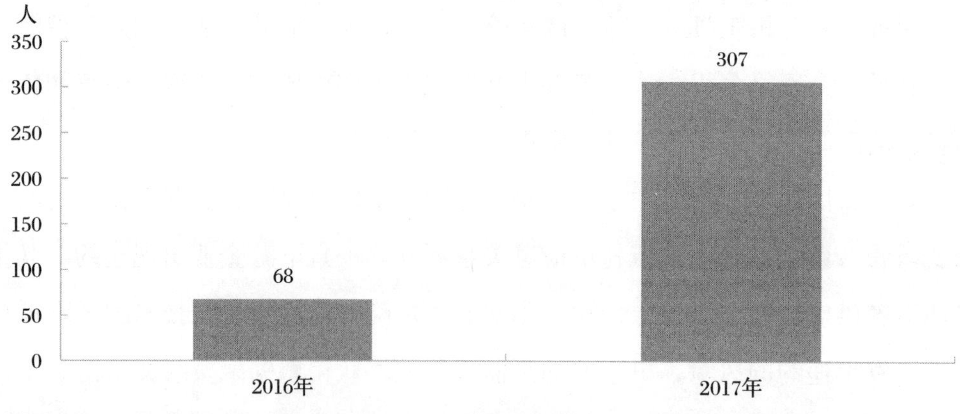

数据来源：汤森路透2017《了解你的客户（KYC）合规调查报告》。

图3 2016—2017年全球大型金融机构KYC合规平均人数

式、智能化的实时监管策略，试点以监管沙箱为核心的金融监管体系，保护票据市场各类参与主体的合法权益，维护票据市场稳定。

五、结论与政策建议

作为金融市场的重要组成部分，近年来我国票据市场一直保持稳步健康发展。尤其是2016年票交所成立以来，票据市场规模稳步提升，电子票据占比不断提高，市场规范化程度明显改善。但与此同时，由于基础制度、市场结构等原因，票据市场融资功能的发挥仍然十分欠缺，尤其是对融资难、融资贵的中小企业而言，目前市场还不能满足其较强的票据融资需求。面对因商业票据市场不发达、信用评级体系不完善等导致的信息不对称问题，金融科技是解决这一难题的重要途径。要更好地发挥金融科技的作用，相关制度和配套基础设施建设必须跟上，几点政策建议如下。

第一，完善以票交所为核心的票据融资基础制度建设。一个具有足够规模和流动性的市场是降低信息不对称的根本。因此，要进一步拓展票交所市场参与主体类型，加强票据标的标准化建设，鼓励更多的市场主体在票据发行和交易时采用线上模式。探索针对不同类型票据标的交易建立分层做市商制度。争取修订现行《票据法》的相关内容，鼓励融资性票据、票据衍生品等票据产品和工具创新。

第二，完善中小企业票据融资信用评级体系建设。建立中小企业票据融资信息平台，搜集拟开展票据融资业务企业的财务表现、组织架构、股东法人社会网络、关联企业等相关信息，依托自主研发或市场引入的大数据风控建模技术，构建科学合理的企业票据融资信用评级体系。依托票据融资信用评级体系大力推动商业票据市场发展。

第三，推动建立票据监管数据报送体系。完善票据融资交易企业监管相关的数据报送机制建设，建立自主采集、自主分析的监管数据报送、分析系统，对重点企业建立风险监测和预警制度。探索应用监管沙箱开展票据衍生品、票据抵押证券等创新业务开展。

此外，在数字票据交易平台探索对区块链智能合约的使用，进一步降低票据交易的供应链风险，探索利用区块链技术开展其他票据产品、工具和业务创新。

参考文献

[1] 傅强．监管科技理论与实践发展研究 [J]. 金融监管研究，2018(11)：32-49.

[2] 李雪玉．新常态下票据业务发展与中小企业融资——以上海为例 [J]. 金融理论与实践，2019(4)：42-49.

[3] 上海票据交易所．2018 年票据市场运行情况 [OL]. http://www.shcpe.com.cn/uploadfiles/2019/01/20190124163326326.pdf.

[4] 宋汉光．以规范创新引领票据市场高质量发展 [OL]. http://www.shcpe.com.cn/uploadfiles/2019/04/201904171544104410.pdf.

[5] 汤莹玮．信用制度变迁下的票据市场功能演进与中小企业融资模式选择 [J]. 金融研究，2018(5)：37-46.

[6] 汪办兴．新时期建设我国多元结构化票据市场的思考——基于融资性票据发展的 SWOT 分析 [J]. 上海立信会计金融学院学报，2019(2)：107-115.

[7] 叶康涛，祝继高．银根紧缩与信贷资源配置 [J]. 管理世界，2009(1)：22-28.

[8] 尹优平．金融科技助推普惠金融 [J]. 中国金融，2017(22)：90-91.

[9] Arner D.W., J. Barberis, R.P. Buckley. The Evolution of FinTech: A New Post-Crisis Paradigm? [OL]. http://ssrn.com/abstract=2676553.

[10] Stiglitz J.E., A. Weiss.Credit Rationing in Markets with Imperfect Information[J]. *American Economic Review*. 1981, 71(3)：393-410.

中国票据研究中心第二届征文获奖名单

征文题目	单位	作者	等次
票据利率分析方法及量化预测模型	招商银行	汪武超　林竹青　王鹏程	一等奖
应收账款票据化研究	中国农业银行票据营业部	曾一村　黄学伟　凌　典	一等奖
LPR变革与票据定价机制	江西财经大学九银票据研究院	肖小和　王成涛	一等奖
基于票据收益率曲线斜率的投资策略与量化回测分析	招商银行	鱼沛喆	二等奖
票据转贴现利率模型的开发和检验	邮储银行浙江省分行	杨　炳	二等奖
2018年票据市场恢复增长 中国票据发展指数达到13699点 ——中国票据市场发展指数的构建与应用分析	江西财经大学九银票据研究院	肖小和	二等奖
线上票据业务产品分析与发展研究	中国工商银行票据营业部上海分部	董　星　陆　远	二等奖
新形势下票据市场价格形成机制研究	中国工商银行票据营业部	中国工商银行票据营业部课题组（徐晓岚、王永琪、邹江、汪小政、汪办兴、黄家驹）	二等奖
票据的真实贸易背景与融资性票据问题研究	江西财经大学九银票据研究院	秦书卷　彭歆怡	二等奖
通过跨境票据业务提升外贸水平与增强人民币国际化竞争力的研究	上海普兰金融服务有限公司	黄　维　周海滨　季鹏飞	二等奖
票据市场发展与地区经济发展相关性研究 ——基于东北三省和上海市的实证分析	上海浦东发展银行大连分行	曲越民	二等奖
票据市场传导货币政策研究	中国农业银行票据营业部	曾一村　凌　典　谈　韵	三等奖

续表

征文题目	单位	作者	等次
票据市场量化交易模型初探	上海浦东发展银行	侯　林　李　论	三等奖
金融发展、银行集中度与票据融资	中南财经政法大学	张琳宜	三等奖
票据市场收益率量化模型研究 ——基于利率债逻辑分析框架	招商银行南昌分行	方雄平	三等奖
银行间市场资金流动性对票据利率影响的研究	上海财经大学金融学院	杨　刚　胡　玥	三等奖
关于标准化票据的发展概览与思考	中国工商银行上海市分行	刘　峰　陈萃琳	三等奖
创设“承直”剥离票据——基于金融风险考量	上海浦东发展银行天津分行	李　泽	三等奖
资管新规下我国票据资产证券化业务探讨	江西财经大学九银票据研究院	肖小和　胡　军	三等奖
推动票据回归本源　助力实体经济发展	招商银行总行	李明昌　汪武超	三等奖
关于扩大票据应用、助力企业融资的研究	中国邮政储蓄银行； 中国人民大学	翟舒毅　周文婷	三等奖
金融供给侧结构性改革与票据服务实体经济	九江银行	王　琨　秦书卷　王文静	三等奖
推动票据业务经营转型，服务实体经济高质量发展	中国民生银行	杨　栋　黄永军	三等奖
金融科技与中小企业票据融资研究	复旦大学泛海国际金融学院 中国金融期货交易所研发部	顾　研　周强龙	三等奖
推进我国绿色票据发展的关键问题研究	中央财经大学绿色金融国际研究院； 长三角绿色价值投资研究院； 江西财经大学九银票据研究院	王　遥　施懿宸 秦书卷　梁楠楠	三等奖